Sabor de Italia

Un Viaje Culinario por la Tradición Italiana

Sofia Bianchi

TABLA DE CONTENIDOS

Calabacines rellenos de cordero asado 10

Conejo al vino blanco y hierbas 12

Conejo con aceitunas 15

Conejo, Estilo Porchetta 17

Conejo con tomate 20

Conejo guisado agridulce 22

Conejo asado con patatas 25

alcachofas marinadas 27

alcachofas romanas 29

alcachofas asadas 31

Alcachofas a la judía 33

Guiso de verduras de primavera romana 35

Corazones de alcachofa crujientes 37

alcachofa rellena 39

Alcachofas rellenas al estilo siciliano 41

Espárragos "a la sartén" 44

Espárragos con aceite y vinagre 46

Espárragos con Mantequilla de Limón 48

Espárragos con varias salsas 50

Espárragos con salsa de alcaparras y huevos ... 52

Espárragos con parmesano y mantequilla ... 54

Paquetes de Espárragos y Jamón ... 56

espárragos asados ... 58

Espárragos en Zabaglione ... 60

Espárragos con Taleggio y Piñones ... 62

timbal de espárragos ... 64

Frijoles estilo campestre ... 66

frijoles toscanos ... 68

ensalada de frijoles ... 71

Frijoles y repollo ... 73

Frijoles en salsa de tomate y salvia ... 75

guiso de garbanzos ... 77

Habas con Verduras Amargas ... 79

Habas frescas a la romana ... 81

Habas frescas al estilo de Umbría ... 83

Brócoli con aceite de oliva y limón ... 85

Brócoli al estilo Parma ... 87

Rabo de brócoli con ajo y pimiento ... 89

brócoli con jamón ... 91

Bocaditos de pan rabe con brócoli ... 93

Cola de brócoli con bacon y tomate ... 95

Pequeñas tartas de verduras 97

coliflor frita 99

puré de coliflor 102

Coliflor Asado..104

coliflor ahogada 105

Coliflor con perejil y cebolla 107

Coles de Bruselas asadas 109

Coles de Bruselas con panceta 111

col dorada con ajo 113

Repollo picado con alcaparras y aceitunas 115

Repollo con tocino ahumado 117

cardos fritos 118

Cardos con Parmigiano-Reggiano 121

Cardos Crema...123

Zanahorias y Nabos con Marsala 125

Zanahorias asadas con ajo y aceitunas 127

zanahoria en crema..128

zanahorias agridulces 130

Berenjenas marinadas con ajo y menta 132

Berenjenas a la plancha con salsa de tomate fresco 134

"Sándwiches" de berenjena y mozzarella 136

Berenjena con ajo y hierbas..138

Palitos de berenjena napolitana con tomate 140

Berenjenas rellenas de jamón y queso 142

Berenjenas rellenas de anchoas, alcaparras y aceitunas 145

Berenjenas con vinagre y hierbas 148

Chuletas de berenjena fritas 150

Berenjenas con salsa de tomate picante 152

berenjena parmesano 154

hinojo asado 156

Hinojo con queso parmesano 158

Hinojo con salsa de anchoas 160

Judías verdes con perejil y ajo 162

Judías verdes con avellanas 164

Judías verdes con salsa verde 166

Ensalada De Judías Verdes 167

Judías verdes en salsa de tomate y albahaca 169

Judías verdes con tocino y cebolla 171

Judías verdes con salsa de tomate y tocino 173

Judías verdes con parmesano 175

Judías con aceitunas 177

espinacas con limon 179

Espinacas u otras verduras con mantequilla y ajo 181

Espinacas con pasas y piñones 183

Espinacas con anchoas al estilo piamontés ... 185

escarola con ajo ... 187

Diente De León Con Patatas ... 189

Champiñones con ajo y perejil ... 191

Setas al estilo Génova ... 193

champiñones asados ... 195

Crema De Champiñones ... 197

Champiñones rellenos a la crema ... 199

Champiñones con tomates y hierbas ... 201

Hongos en Marsala ... 203

champiñones asados ... 205

Champiñones fritos ... 207

Gratinado De Champiñones ... 209

Hongos Ostra Con Salchicha ... 211

pastel salado ... 213

Pastel de espinacas y ricota ... 216

pastel de puerros ... 218

Sándwiches de mozzarella, albahaca y pimiento asado ... 220

Calabacines rellenos de cordero asado

Calabacín Ripien

Rinde 6 porciones

Una pierna de cordero alimenta a una multitud, pero después de una pequeña cena, a menudo me quedan sobras. Entonces es cuando hago estos ricos calabacines rellenos. Se pueden sustituir por otros tipos de carnes cocidas o incluso aves.

2 a 3 rebanadas (1/2 pulgada de grosor) de pan italiano

1/4 taza de leche

1 libra de cordero cocido

2 huevos grandes

2 cucharadas de perejil fresco picado

2 dientes de ajo finamente picados

1/2 taza de Pecorino Romano o Parmigiano-Reggiano recién rallado

Sal y pimienta negra recién molida

6 calabacines medianos, lavados y recortados

2 tazas de salsa de tomate, comosalsa marinara

1. Coloca una rejilla en el centro del horno. Precaliente el horno a 425 ° F. Engrase una fuente para hornear de 13 × 9 × 2 pulgadas.

dos. Quitar la corteza del pan y cortar el pan en trozos. (Debería tener aproximadamente 1 taza). Coloque los trozos en un tazón mediano, vierta la leche y déjelos en remojo.

3. En un procesador de alimentos pica la carne muy finamente. Transfiera a un tazón grande. Agrega los huevos, el perejil, el ajo, el pan remojado, 1/4 taza de queso y sal y pimienta al gusto. Mezclar bien.

Cuatro. Corta los calabacines por la mitad a lo largo. Retire las semillas. Rellena los calabacines con la mezcla de carne. Coloque los calabacines uno al lado del otro en la bandeja para hornear. Vierta la salsa y espolvoree con el queso restante.

5. Hornee durante 35 a 40 minutos o hasta que el relleno esté bien cocido y los calabacines tiernos. Servir caliente oa temperatura ambiente.

Conejo al vino blanco y hierbas

Vino Blanco Coniglio

Rinde 4 porciones

Esta es una receta básica de conejo de Liguria que se puede variar añadiendo aceitunas negras o verdes u otras hierbas. Los cocineros de esta región preparan el conejo de muchas maneras diferentes, incluso con piñones, champiñones o alcachofas.

1 conejo (21/2 a 3 libras), cortado en 8 trozos

Sal y pimienta negra recién molida

3 cucharadas de aceite de oliva

1 cebolla pequeña finamente picada

1/2 taza de zanahoria finamente picada

1/2 taza de apio finamente picado

1 cucharada de hojas de romero frescas picadas

1 cucharadita de tomillo fresco picado

1 hoja de laurel

[1] 1/2 taza de vino blanco seco

1 taza de caldo de pollo

1. Lavar los trozos de conejo y secar con toallas de papel. Espolvorear con sal y pimienta.

dos. En una sartén grande, calienta el aceite de oliva a fuego medio. Añade el conejo y dóralo ligeramente por todos lados, unos 15 minutos.

3. Esparza la cebolla, la zanahoria, el apio y las hierbas alrededor de los trozos de conejo y cocine hasta que la cebolla se ablande, aproximadamente 5 minutos.

Cuatro. Añadir el vino y llevar a ebullición. Cocine hasta que la mayor parte del líquido se evapore, aproximadamente 2 minutos. Agrega el caldo y deja hervir a fuego lento. Reducir el fuego al mínimo. Tape la sartén y cocine, volteando el conejo de vez en cuando con unas pinzas, hasta que esté tierno al pincharlo con un tenedor, aproximadamente 30 minutos.

5. Transfiere el conejo a un plato. Cubrir y mantener caliente. Aumente el fuego y hierva el contenido de la sartén hasta que se reduzca y espese, aproximadamente 2 minutos. Deseche la hoja de laurel.

6. Vierte el contenido de la sartén sobre el conejo y sirve inmediatamente.

Conejo con aceitunas

Coniglio alla Stimperata

Rinde 4 porciones

Pimiento rojo, aceitunas verdes y alcaparras dan sabor a este plato de conejo al estilo siciliano. El término alla stimperata se aplica a varias recetas sicilianas, aunque su significado no está claro. Puede provenir de temperare, que significa "disolver, diluir o mezclar" y se refiere a agregar agua a la sartén mientras se cocina el conejo.

1 conejo (21/2 a 3 libras), cortado en 8 trozos

1/4 taza de aceite de oliva

3 dientes de ajo, picados

1 taza de aceitunas verdes deshuesadas, lavadas y escurridas

2 pimientos rojos, cortados en tiras finas

1 cucharada de alcaparras, lavadas

pizca de orégano

Sal y pimienta negra recién molida

2 cucharadas de vinagre de vino blanco

1/2 taza de agua

1. Lavar los trozos de conejo y secar con toallas de papel.

dos. En una sartén grande, calienta el aceite de oliva a fuego medio. Añade el conejo y dora bien los trozos por todos lados, unos 15 minutos. Transfiera los trozos de conejo a un plato.

3. Agrega el ajo a la sartén y cocina por 1 minuto. Agrega las aceitunas, los pimientos, las alcaparras y el orégano. Cocine, revolviendo durante 2 minutos.

Cuatro. Devuelve el conejo a la sartén. Sazone con sal y pimienta al gusto. Agrega el vinagre y el agua y deja hervir. Reducir el fuego al mínimo. Tape y cocine, volteando el conejo de vez en cuando, hasta que esté tierno al pincharlo con un tenedor, aproximadamente 30 minutos. Agrega un poco de agua si el líquido se evapora. Transfiera a un plato y sirva caliente.

Conejo, Estilo Porchetta

Coniglio en Porchetta

Rinde 4 porciones

La combinación de condimentos que se utiliza para hacer el cerdo asado es tan deliciosa que los chefs la han adaptado a otras carnes que resultan más cómodas de cocinar. En la región de las Marcas se utiliza hinojo silvestre, pero se pueden sustituir por semillas de hinojo secas.

1 conejo (2 1/2 a 3 libras), cortado en 8 trozos

Sal y pimienta negra recién molida

2 cucharadas de aceite de oliva

2 onzas de panceta

3 dientes de ajo finamente picados

2 cucharadas de romero fresco picado

1 cucharada de semillas de hinojo

2 o 3 hojas de salvia

1 hoja de laurel

1 taza de vino blanco seco

1/2 taza de agua

1. Lavar los trozos de conejo y secar con toallas de papel. Espolvorear con sal y pimienta.

dos. En una sartén lo suficientemente grande como para contener los trozos de conejo en una sola capa, calienta el aceite a fuego medio. Coloca las piezas en la bandeja para hornear. Unta el tocino por todos lados. Cocine hasta que el conejo se dore por un lado, unos 8 minutos.

3. Dar la vuelta al conejo y espolvorear por todos lados el ajo, el romero, el hinojo, la salvia y el laurel. Cuando el conejo esté dorado por el otro lado, después de unos 7 minutos, añadir el vino y remover, raspando el fondo de la sartén. Hervir el vino durante 1 minuto.

Cuatro. Cocine sin tapar, volteando la carne de vez en cuando, hasta que el conejo esté muy tierno y se desprenda del hueso, unos 30 minutos. (Agregue un poco de agua si la sartén se seca demasiado).

5. Deseche la hoja de laurel. Pasar el conejo a una fuente y servir caliente con el jugo de la sartén.

Conejo con tomate

Coniglio alla Ciociara

Rinde 4 porciones

En la región de Ciociara, en las afueras de Roma, conocida por su deliciosa cocina, el conejo se cocina en salsa de tomate y vino blanco.

1 conejo (2 1/2 a 3 libras), cortado en 8 trozos

2 cucharadas de aceite de oliva

2 onzas de panceta, en rodajas gruesas y picada

2 cucharadas de perejil fresco picado

1 diente de ajo, ligeramente machacado

Sal y pimienta negra recién molida

1 taza de vino blanco seco

2 tazas de tomates pera, pelados, sin semillas y picados

1. Lavar los trozos de conejo y secarlos con toallas de papel. Calienta el aceite de oliva en una sartén grande a fuego medio. Coloca el conejo en la sartén, luego agrega la panceta, el perejil y

el ajo. Cocine hasta que el conejo esté bien dorado por todos lados, unos 15 minutos. Espolvorear con sal y pimienta.

dos. Retire el ajo de la sartén y deséchelo. Agrega el vino y deja hervir durante 1 minuto.

3.Reducir el fuego al mínimo. Agrega los tomates y cocina hasta que el conejo esté tierno y se desprenda del hueso, unos 30 minutos.

Cuatro. Pasar el conejo a una fuente y servir caliente con la salsa.

Conejo guisado agridulce

Coniglio en Agrodolce

Rinde 4 porciones

Los sicilianos son conocidos por sus dulces, un legado de la dominación árabe de la isla que duró al menos doscientos años. Las pasas, el azúcar y el vinagre le dan a este conejo un sabor ligeramente agridulce.

1 conejo (21/2 a 3 libras), cortado en 8 trozos

2 cucharadas de aceite de oliva

2 onzas de panceta en rodajas gruesas, picada

1 cebolla mediana, finamente picada

Sal y pimienta negra recién molida

1 taza de vino blanco seco

2 dientes enteros

1 hoja de laurel

1 taza de caldo de res o pollo

1 cucharada de azúcar

1/4 taza de vinagre de vino blanco

2 cucharadas de pasas

2 cucharadas de piñones

2 cucharadas de perejil fresco picado

1. Lavar los trozos de conejo y secarlos con toallas de papel. En una sartén grande, calienta el aceite de oliva y la panceta a fuego medio durante 5 minutos. Agrega el conejo y cocina por un lado hasta que se dore, aproximadamente 8 minutos. Voltear los trozos de conejo con unas pinzas y esparcir la cebolla por todos lados. Espolvorear con sal y pimienta.

dos. Agrega el vino, el clavo y la hoja de laurel. Hierva el líquido y cocine hasta que la mayor parte del vino se haya evaporado, aproximadamente 2 minutos. Agrega el caldo y tapa la cacerola. Reduzca el fuego a bajo y cocine a fuego lento hasta que el conejo esté tierno, de 30 a 45 minutos.

3. Transfiera los trozos de conejo a un plato. (Si queda mucho líquido hervir a fuego alto hasta que reduzca). Agrega el azúcar, el vinagre, las pasas y los piñones. Revuelva hasta que el azúcar se disuelva, aproximadamente 1 minuto.

Cuatro. Regrese el conejo a la sartén y cocine, volteando los trozos en la salsa, hasta que parezcan bien cubiertos, aproximadamente 5 minutos. Agrega el perejil y sirve caliente con el jugo de la sartén.

Conejo asado con patatas

Coniglio Arrosto

Rinde 4 porciones

En casa de mi amiga Dora Marzovilla, una cena dominical o una comida especial suele comenzar con un surtido de verduras fritas tiernas y crujientes, como corazones de alcachofa o espárragos, seguido de cuencos humeantes de orecchiette o cavatelli caseros con un delicioso ragu casero con albóndigas pequeñas. Dora, originaria de Rutigliano, Apulia, es una cocinera maravillosa y este plato de conejo, que sirve como plato principal, es una de sus especialidades.

1 conejo (21/2 a 3 libras), cortado en 8 trozos

1/4 taza de aceite de oliva

1 cebolla mediana, finamente picada

2 cucharadas de perejil fresco picado

1/2 taza seca con vino

Sal y pimienta negra recién molida

4 papas medianas para todo uso, peladas y cortadas en rodajas de 1 pulgada

¹1/2 taza de agua

¹1/2 cucharadita de orégano

1. Lavar los trozos de conejo y secar con toallas de papel. En una sartén grande, calienta dos cucharadas de aceite a fuego medio. Añade el conejo, la cebolla y el perejil. Cocine, volteando los trozos de vez en cuando, hasta que estén ligeramente dorados, aproximadamente 15 minutos. Agrega el vino y cocina por otros 5 minutos. Espolvorear con sal y pimienta.

dos. Coloca una rejilla en el centro del horno. Precalienta el horno a 425 ° F. Engrase una fuente para hornear lo suficientemente grande como para contener todos los ingredientes en una sola capa.

3. Extiende las patatas en la sartén y revuélvelas con las 2 cucharadas de aceite restantes. Agrega el contenido de la sartén a la sartén, doblando los trozos de conejo alrededor de las patatas. Agrega el agua. Espolvorea con orégano y sal y pimienta. Cubre la fuente para hornear con papel de aluminio. Hornea 30 minutos. Destape y cocine por otros 20 minutos o hasta que las papas estén tiernas.

Cuatro. Transfiera a un plato para servir. Servir caliente.

alcachofas marinadas

Carciofi Marinati

Rinde de 6 a 8 porciones

Estas alcachofas son excelentes en ensaladas, con embutidos o como parte de una variedad de antipasti. Las alcachofas duran al menos dos semanas en el frigorífico.

Si no tienes alcachofas tiernas, sustitúyelas por alcachofas de tamaño mediano, cortadas en ocho gajos.

1 taza de vinagre de vino blanco

2 tazas de agua

1 hoja de laurel

1 diente de ajo entero

8 a 12 alcachofas tiernas, recortadas y cortadas en cuartos (verPara preparar alcachofas enteras)

pizca de pimiento rojo triturado

sal

aceite de oliva virgen extra

1. En una sartén grande, combine el vinagre, el agua, la hoja de laurel y el ajo. Lleva el líquido a ebullición.

dos. Añade las alcachofas, el pimiento rojo triturado y sal al gusto. Cocine hasta que estén tiernos al pincharlos con un cuchillo, de 7 a 10 minutos. Alejar del calor. Vierta el contenido de la sartén a través de un colador de malla fina en un bol. Reserva el líquido.

3. Envasa las alcachofas en frascos de vidrio esterilizados. Vierta el líquido de cocción hasta cubrir. Deja enfriar por completo. Cubra y refrigere por al menos 24 horas o hasta 2 semanas.

Cuatro. Para servir, escurrir las alcachofas y rociarlas con aceite de oliva.

alcachofas romanas

Carciofi a la romana

Rinde 8 porciones

Las pequeñas granjas de toda Roma producen muchas alcachofas frescas durante las temporadas de primavera y otoño. Pequeños camiones los llevan a los mercados de la esquina, donde se venden directamente desde la parte trasera del camión. Las alcachofas tienen tallos largos y hojas aún adheridas porque los tallos, una vez pelados, son buenos para comer. Los romanos cocinaban las alcachofas con el tallo hacia arriba. Se ven muy atractivos cuando se colocan en un plato.

2 dientes de ajo grandes, finamente picados

2 cucharadas de perejil fresco picado

1 cucharada de menta fresca picada o 1/2 cucharadita de mejorana seca

Sal y pimienta negra recién molida

1/4 taza de aceite de oliva

8 alcachofas medianas, preparadas para relleno (verPara preparar alcachofas enteras)

1/2 taza de vino blanco seco

1. En un tazón pequeño, combine el ajo, el perejil y la menta o mejorana. Añadir sal y pimienta al gusto. Agrega 1 cucharada de aceite.

dos. Extiende suavemente las hojas de alcachofa y empuja un poco de la mezcla de ajo hacia el centro. Exprime ligeramente las alcachofas para retener el relleno y colócalas con el tallo hacia arriba en una sartén lo suficientemente grande como para mantenerlas en posición vertical. Vierte el vino alrededor de las alcachofas. Agregue agua hasta una profundidad de 3/4 de pulgada. Rocíe las alcachofas con el aceite de oliva restante.

3. Tapa la cacerola y deja hervir el líquido a fuego medio. Cocine por 45 minutos o hasta que las alcachofas estén tiernas al pincharlas con un cuchillo. Servir caliente oa temperatura ambiente.

alcachofas asadas

Carciofi Stufati

Rinde 8 porciones

Las alcachofas son miembros de la familia de los cardos y crecen en plantas bajas y tupidas. Se encuentran silvestres en muchos lugares del sur de Italia y mucha gente los cultiva en sus huertos. Una alcachofa es en realidad una flor sin abrir. Las alcachofas muy grandes crecen en la parte superior del arbusto, mientras que las más pequeñas brotan cerca de la base. Las alcachofas pequeñas, a menudo llamadas alcachofas baby, son ideales para saltear. Prepáralas para cocinar como lo harías con una alcachofa más grande. Su textura y sabor mantecoso quedan especialmente bien con el pescado.

1 cebolla pequeña finamente picada

1 1/4 taza de aceite de oliva

1 diente de ajo finamente picado

2 cucharadas de perejil fresco picado

bebe de 2 kilosalcachofas, recortado y descuartizado

1/2 taza de agua

Sal y pimienta negra recién molida

1. En una sartén grande, saltee la cebolla en aceite a fuego medio hasta que esté suave, aproximadamente 10 minutos. Agrega el ajo y el perejil.

dos. Coloca las alcachofas en la sartén y revuelve bien. Agrega agua y sal y pimienta al gusto. Cubra y cocine hasta que las alcachofas estén tiernas al pincharlas con un cuchillo, aproximadamente 15 minutos. Servir tibio o a temperatura ambiente.

Variación: En el Paso 2, agrega 3 papas medianas, peladas y cortadas en cubos de 1 pulgada, con la cebolla.

Alcachofas a la judía

Carciofi alla Giudia

Rinde 4 porciones

Los judíos llegaron por primera vez a Roma en el siglo I a.C. Se establecieron cerca del río Tíber y en 1556 fueron confinados en un gueto amurallado por el Papa Pablo IV. Muchos eran pobres y sobrevivían con cualquier alimento sencillo y barato disponible, como bacalao, calabacín y alcachofas. Cuando los muros del gueto cayeron a mediados del siglo XIX, los judíos de Roma desarrollaron su propio estilo de cocina, que luego se hizo popular entre otros romanos. Hoy en día, platos judíos como flores de calabacín rellenas fritas, ñoquis de sémola, y estas alcachofas se consideran romanas clásicas.

El barrio judío de Roma todavía existe y hay varios buenos restaurantes donde poder degustar este estilo de cocina. En Piperno y Da Giggetto, dos trattorias favoritas, estas alcachofas fritas se sirven calientes con mucha sal. Las hojas quedan crujientes como patatas fritas. Las alcachofas salpican mientras se cocinan, así que manténgase alejado de la estufa y protéjase las manos.

4 medianos alcachofas, preparado como para relleno

Aceite de oliva

sal

1. Secar las alcachofas. Coloque la alcachofa con la parte inferior hacia arriba sobre una superficie plana. Con la palma de la mano presiona la alcachofa para aplanarla y abrir las hojas. Repita con las alcachofas restantes. Dales la vuelta para que las puntas de las hojas queden hacia arriba.

dos. En una sartén grande y profunda o en una sartén ancha y pesada, caliente aproximadamente 2 pulgadas de aceite de oliva a fuego medio hasta que una hoja de alcachofa se deslice en el aceite y se dore rápidamente. Protégete la mano con un guante de cocina, ya que el aceite puede salpicar y salpicar si las alcachofas están mojadas. Agrega las alcachofas con las puntas de las hojas hacia abajo. Cocine, presionando las alcachofas en el aceite con una espumadera hasta que se doren por un lado, aproximadamente 10 minutos. Con unas pinzas, voltee con cuidado las alcachofas y cocine hasta que estén doradas, unos 10 minutos más.

3. Escurrir sobre toalla de papel. Espolvorea con sal y sirve inmediatamente.

Guiso de verduras de primavera romana

La Vignarola

Rinde de 4 a 6 porciones

Los italianos están muy en sintonía con las estaciones, y la llegada de las primeras alcachofas de la primavera indica que el invierno ha terminado y pronto volverá el clima cálido. Para celebrarlo, los romanos comen tazones de este guiso de verduras frescas de primavera, con alcachofas, como plato principal.

4 onzas de panceta en rodajas, picada

1/4 taza de aceite de oliva

1 cebolla mediana picada

4 medianosalcachofas, recortado y descuartizado

1 libra de habas frescas, sin cáscara o como sustituto de 1 taza de habas o habas congeladas

1/2 taza Caldo de pollo

Sal y pimienta negra recién molida

1 libra de guisantes frescos, sin cáscara (aproximadamente 1 taza)

2 cucharadas de perejil fresco picado

1. En una sartén grande, sofreír la panceta en aceite de oliva a fuego medio. Revuelva con frecuencia hasta que la panceta comience a dorarse, 5 minutos. Agrega la cebolla y cocina hasta que esté dorada, unos 10 minutos más.

dos. Agrega las alcachofas, las habas, el caldo y salpimenta al gusto. Baja el fuego. Tape y cocine por 10 minutos o hasta que las alcachofas estén casi tiernas al pincharlas con un cuchillo. Agrega los guisantes y el perejil y cocina por otros 5 minutos. Servir caliente oa temperatura ambiente.

Corazones de alcachofa crujientes

Carciofini Fritti

Rinde de 6 a 8 porciones

En los Estados Unidos, las alcachofas se cultivan principalmente en California, donde fueron plantadas por primera vez a principios del siglo XX por inmigrantes italianos. Las variedades son diferentes a las de Italia y suelen estar muy maduras cuando se cosechan, lo que las hace a veces duras y leñosas. Los corazones de alcachofa congelados pueden quedar realmente buenos y ahorrar mucho tiempo. A veces los uso para esta receta. Los corazones de alcachofa fritos quedan deliciosos con chuletas de cordero o como aperitivo.

12 bebéalcachofas, cortados y cortados en cuartos, o 2 paquetes (10 onzas) de corazones de alcachofa congelados, ligeramente cocidos según las instrucciones del paquete

3 huevos grandes, batidos

sal

2 tazas de pan rallado seco

Aceite para freír

rodajas de limon

1.Alcachofas secas frescas o cocidas. En un tazón mediano poco profundo, bata los huevos con sal al gusto. Extienda el pan rallado sobre una hoja de papel pergamino.

dos. Coloque una rejilla para enfriar sobre una bandeja para hornear. Sumerja las alcachofas en la mezcla de huevo y luego enróllelas en las migajas. Coloque las alcachofas en la parrilla para que se sequen durante al menos 15 minutos antes de cocinarlas.

3.Forre una bandeja para hornear con papel toalla. Vierta aceite a una profundidad de 1 pulgada en una sartén grande y pesada. Calentar el aceite hasta que hierva una gota de la mezcla de huevo. Agregue suficientes alcachofas para que quepan cómodamente en la sartén sin que se amontonen. Cocine, volteando los trozos con unas pinzas, hasta que estén dorados, aproximadamente 4 minutos. Escurrir sobre toallas de papel y mantener caliente mientras se fríen las alcachofas restantes, en tandas si es necesario.

Cuatro. Espolvorea con sal y sirve caliente con rodajas de limón.

alcachofa rellena

Carciofi Ripieni

Rinde 8 porciones

Así hacía mi madre siempre las alcachofas: es una preparación clásica en todo el sur de Italia. Hay suficiente relleno para condimentar las alcachofas y realzar su sabor. Demasiado relleno deja las alcachofas empapadas y pesadas, así que no aumentes la cantidad de pan rallado y utiliza siempre pan rallado de buena calidad. Las alcachofas se pueden preparar con anticipación y servir a temperatura ambiente o comerse calientes y frescas.

8 medianoalcachofas, preparado para relleno

¾ taza de pan rallado seco

1 1/4 taza de perejil fresco picado

¼ taza de Pecorino Romano o Parmigiano-Reggiano recién rallado

1 diente de ajo, finamente picado

Sal y pimienta negra recién molida

Aceite de oliva

1. Con un cuchillo de chef grande, pique finamente los tallos de las alcachofas. Mezcle las piernas en un tazón grande con el pan rallado, el perejil, el queso, el ajo y sal y pimienta al gusto. Agrega un poco de aceite y revuelve para humedecer uniformemente las migajas. Prueba y ajusta el sazón.

dos. Separa suavemente las hojas. Rellena ligeramente el centro de las alcachofas con la mezcla de pan rallado, añadiendo también un poco de relleno entre las hojas. No empaques el relleno.

3. Coloca las alcachofas en una sartén lo suficientemente ancha como para mantenerlas en posición vertical. Agregue agua hasta una profundidad de ¾ de pulgada alrededor de las alcachofas. Rocíe las alcachofas con 3 cucharadas de aceite de oliva.

Cuatro. Tapa la sartén y colócala a fuego medio. Cuando el agua hierva, reduce el fuego al mínimo. Cocine durante unos 40 a 50 minutos (dependiendo del tamaño de las alcachofas) o hasta que la parte inferior de las alcachofas esté tierna al pincharlas con un cuchillo y una hoja salga fácilmente. Agregue más agua tibia si es necesario para evitar que se queme. Servir tibio o a temperatura ambiente.

Alcachofas rellenas al estilo siciliano

Carciofi a la Siciliana

Rinde 4 porciones

El clima cálido y seco de Sicilia es perfecto para el cultivo de alcachofas. Las plantas, que tienen hojas plateadas dentadas, son bastante hermosas y mucha gente las usa como arbustos decorativos en sus huertos. Al final de la temporada, las alcachofas restantes de la planta se abren, dejando al descubierto la gargantilla completamente madura en el centro, que es de color púrpura y gruesa.

Esta es la forma siciliana de rellenar las alcachofas, que es más compleja que laalcachofa rellenaprescripción. Servir como primer plato antes de un pescado a la parrilla o una pierna de cordero.

4 medianosalcachofas, preparado para relleno

1/2 taza de pan rallado

4 filetes de anchoa, picados en trozos grandes

2 cucharadas de alcaparras picadas y escurridas

2 cucharadas de piñones tostados

2 cucharadas de pasas doradas

2 cucharadas de perejil fresco picado

1 diente de ajo grande, finamente picado

Sal y pimienta negra recién molida

4 cucharadas de aceite de oliva

1/2 taza de vino blanco seco

Agua

1. En un tazón mediano, combine el pan rallado, las anchoas, las alcaparras, los piñones, las pasas, el perejil, el ajo y la sal y pimienta al gusto. Agrega dos cucharadas de aceite.

dos. Separa suavemente las hojas. Rellena las alcachofas sin apretar con la mezcla de pan rallado, añadiendo también un poco de relleno entre las hojas. No empaques el relleno.

3. Coloca las alcachofas en una sartén lo suficientemente grande como para mantenerlas en posición vertical. Agregue agua hasta una profundidad de ¾ de pulgada alrededor de las alcachofas. Rocíe con las 2 cucharadas restantes de aceite de oliva. Vierte el vino alrededor de las alcachofas.

Cuatro. Tapa la sartén y colócala a fuego medio. Cuando el agua hierva, reduce el fuego al mínimo. Cocine de 40 a 50 minutos (dependiendo del tamaño de las alcachofas) o hasta que la parte inferior de las alcachofas esté tierna al pincharlas con un cuchillo y una hoja salga fácilmente. Agregue más agua tibia si es necesario para evitar que se queme. Servir tibio o a temperatura ambiente.

Espárragos "a la sartén"

Espárragos en Padella

Rinde de 4 a 6 porciones

Estos espárragos se saltean rápidamente. Agregue ajo picado o hierbas frescas si lo desea.

3 cucharadas de aceite de oliva

1 libra de espárragos

Sal y pimienta negra recién molida

2 cucharadas de perejil fresco picado

1. Recorta la parte inferior de los espárragos en el punto donde el tallo cambia de blanco a verde. Corta los espárragos en trozos de 2 pulgadas.

dos. En una sartén grande, calienta el aceite de oliva a fuego medio. Agrega los espárragos y sal y pimienta al gusto. Cocine durante 5 minutos, revolviendo frecuentemente, o hasta que los espárragos estén ligeramente dorados.

3. Tapa la sartén y cocina por 2 minutos más o hasta que los espárragos estén tiernos. Agrega el perejil y sirve inmediatamente.

Espárragos con aceite y vinagre

Insalata di Asparagi

Rinde de 4 a 6 porciones

Tan pronto como aparecen los primeros tallos cultivados localmente en la primavera, los preparo de esta manera y en grandes cantidades para satisfacer el antojo que se ha desarrollado durante el largo invierno. Voltee los espárragos en la salsa picante para que absorban el sabor.

1 libra de espárragos

sal

1/4 taza de aceite de oliva virgen extra

1 a 2 cucharadas de vinagre de vino tinto

pimienta negra recién molida

1. Recorta la parte inferior de los espárragos en el punto donde el tallo cambia de blanco a verde. Hierva aproximadamente 2 pulgadas de agua en una sartén grande. Agrega los espárragos y sal al gusto. Cocine hasta que los espárragos se doblen ligeramente al levantarlos del extremo del tallo, de 4 a 8

minutos. El tiempo de cocción dependerá del grosor de los espárragos. Retire los espárragos con unas pinzas. Escurrir sobre toalla de papel y secar.

dos. En un plato grande y poco profundo, combine el aceite, el vinagre, una pizca de sal y una cantidad generosa de pimienta. Batir con un tenedor hasta que se mezcle. Agrega los espárragos y voltéalos suavemente hasta que estén cubiertos. Servir tibio o a temperatura ambiente.

Espárragos con Mantequilla de Limón

Espárragos al burro

Rinde de 4 a 6 porciones

Los espárragos cocinados de esta manera básica combinan con casi cualquier cosa, desde huevos hasta pescado y carne. Agregue cebollino fresco picado, perejil o albahaca a la mantequilla para variar.

1 libra de espárragos

sal

2 cucharadas de mantequilla sin sal, derretida

1 cucharada de jugo de limón fresco

pimienta negra recién molida

1. Recorta la parte inferior de los espárragos en el punto donde el tallo cambia de blanco a verde. Hierva aproximadamente 2 pulgadas de agua en una sartén grande. Agrega los espárragos y sal al gusto. Cocine hasta que los espárragos se doblen ligeramente al levantarlos del extremo del tallo, de 4 a 8 minutos. El tiempo de cocción dependerá del grosor de los

espárragos. Retire los espárragos con unas pinzas. Escurrirlas sobre papel toalla y secarlas.

dos. Limpia la sartén. Agrega la mantequilla y cocina a fuego medio hasta que se derrita, aproximadamente 1 minuto. Agrega el jugo de limón. Devuelve los espárragos a la sartén. Espolvorea con pimienta y voltea suavemente para cubrir con salsa. Servir inmediatamente.

Espárragos con varias salsas

Rinde de 4 a 6 porciones

Los espárragos cocidos quedan estupendos si se sirven a temperatura ambiente con diferentes salsas. Son ideales para una cena porque se pueden preparar con antelación. No importa qué tan gruesos o delgados sean, pero trate de que los espárragos sean del mismo tamaño para que se cocinen de manera uniforme.

mayonesa de aceite de oliva, mayonesa de naranja, cualquiersalsa verde

1 libra de espárragos

sal

1. Prepare salsa o salsas si es necesario. Luego corta la base de los espárragos en el punto donde el tallo cambia de blanco a verde.

dos. Hierva aproximadamente 2 pulgadas de agua en una sartén grande. Agrega los espárragos y sal al gusto. Cocine hasta que los espárragos se doblen ligeramente al levantarlos del extremo del tallo, de 4 a 8 minutos. El tiempo de cocción dependerá del grosor de los espárragos.

3. Retire los espárragos con unas pinzas. Escurrirlas sobre papel toalla y secar. Sirve los espárragos a temperatura ambiente con una o más de las salsas.

Espárragos con salsa de alcaparras y huevos

Espárragos con Caperi y Uove

Rinde de 4 a 6 porciones

En Trentino-Alto Adigio y Véneto, los espárragos blancos gruesos son un rito de primavera. Se fríen y se hierven y se añaden a risottos, sopas y ensaladas. Una salsa de huevo es un condimento típico, como ésta con zumo de limón, perejil y alcaparras.

1 libra de espárragos

sal

1/4 taza de aceite de oliva

1 cucharadita de jugo de limón fresco

pimienta recién molida

1 huevo cocido, en cubos

2 cucharadas de perejil fresco picado

1 cucharada de alcaparras, lavadas y escurridas

1. Recorta la parte inferior de los espárragos en el punto donde el tallo cambia de blanco a verde. Hierva aproximadamente 2 pulgadas de agua en una sartén grande. Agrega los espárragos y sal al gusto. Cocine hasta que los espárragos se doblen ligeramente al levantarlos del extremo del tallo, de 4 a 8 minutos. El tiempo de cocción dependerá del grosor de los espárragos. Retire los espárragos con unas pinzas. Escurrirlas sobre papel toalla y secarlas.

dos. En un tazón pequeño, mezcle el aceite, el jugo de limón y una pizca de sal y pimienta. Agrega el huevo, el perejil y las alcaparras.

3. Coloca los espárragos en un plato y vierte sobre la salsa. Servir inmediatamente.

Espárragos con parmesano y mantequilla

Espárragos a la parmesana

Rinde de 4 a 6 porciones

A veces se les llama asparagi alla Milanese (espárragos al estilo de Milán), aunque se comen en muchas regiones diferentes. Si puedes encontrar espárragos blancos, son especialmente indicados para este tratamiento.

1 libra de espárragos gruesos

sal

2 cucharadas de mantequilla sin sal

pimienta negra recién molida

½ taza de Parmigiano-Reggiano recién rallado

1. Recorta la parte inferior de los espárragos en el punto donde el tallo cambia de blanco a verde. Hierva aproximadamente 2 pulgadas de agua en una sartén grande. Agrega los espárragos y sal al gusto. Cocine hasta que los espárragos se doblen ligeramente al levantarlos del extremo del tallo, de 4 a 8 minutos. El tiempo de cocción dependerá del grosor de los

espárragos. Retire los espárragos con unas pinzas. Escurrirlas sobre papel toalla y secarlas.

dos. Coloca una rejilla en el centro del horno. Precalienta el horno a 450 ° F. Engrasa una bandeja para hornear grande con mantequilla.

3.Coloque los espárragos uno al lado del otro en la bandeja para hornear, superponiéndolos ligeramente. Rocíe con mantequilla y espolvoree con pimienta y queso.

Cuatro. Hornea por 15 minutos o hasta que el queso se derrita y se dore. Servir inmediatamente.

Paquetes de Espárragos y Jamón

Fagottini de Asparagi

Rinde 4 porciones

Para un plato más saludable, a veces cubro cada paquete con rodajas de Fontina Valle d'Aosta, mozzarella u otro queso que se derrita bien.

1 libra de espárragos

Sal y pimienta recién molida

4 lonchas de jamón italiano importado

2 cucharadas de mantequilla

¼ taza de Parmigiano-Reggiano recién rallado

1. Recorta la parte inferior de los espárragos en el punto donde el tallo cambia de blanco a verde. Hierva aproximadamente 2 pulgadas de agua en una sartén grande. Agrega los espárragos y sal al gusto. Cocine hasta que los espárragos se doblen ligeramente al levantarlos del extremo del tallo, de 4 a 8 minutos. El tiempo de cocción dependerá del grosor de los

espárragos. Retire los espárragos con unas pinzas. Escurrir sobre toalla de papel y secar.

dos. Coloca una rejilla en el centro del horno. Precalienta el horno a 350 ° F. Engrasa una bandeja para hornear grande con mantequilla.

3.Derrita la mantequilla en una sartén grande. Agrega los espárragos y espolvorea con sal y pimienta. Con dos espátulas, voltee con cuidado los espárragos en la mantequilla para cubrirlos bien.

Cuatro. Divida los espárragos en 4 grupos. Coloca cada grupo en el centro de una loncha de jamón serrano. Envuelve los espárragos con las puntas de jamón serrano. Coloque los paquetes en una bandeja para hornear. Espolvorea con parmigiano.

5.Hornea los espárragos por 15 minutos o hasta que el queso se derrita y forme una costra. Servir caliente.

espárragos asados

Espárragos al horno

Rinde de 4 a 6 porciones

Asar los espárragos se dora y resalta su dulzura natural. Son perfectos para asar carne. Puedes sacar la carne cocida del horno y, mientras reposa, cocinar los espárragos. Utilice espárragos gruesos para esta receta.

1 libra de espárragos

1/4 taza de aceite de oliva

sal

1. Coloca una rejilla en el centro del horno. Precalienta el horno a 450 ° F. Recorta la parte inferior de los espárragos en el punto donde el tallo cambia de blanco a verde.

dos. Coloque los espárragos en una bandeja para hornear lo suficientemente grande como para contenerlos en una sola capa. Espolvorea con aceite de oliva y sal. Enrolle los espárragos de lado a lado para cubrirlos con el aceite.

3.Hornee de 8 a 10 minutos o hasta que los espárragos estén tiernos.

Espárragos en Zabaglione

Espárragos allo Zabaione

Rinde 6 porciones

El zabaglione es una crema de huevo esponjosa que normalmente se sirve endulzada como postre. En este caso, los huevos se baten con vino blanco sin azúcar y se sirven con espárragos. Esto lo convierte en un primer plato elegante para una comida de primavera. Pelar los espárragos es opcional, pero garantiza que estén tiernos desde la punta hasta el tallo.

1 1/2 libras de espárragos

2 yemas de huevo grandes

1/4 taza de vino blanco seco

Pizca de sal

1 cucharada de mantequilla sin sal

1. Recorta la parte inferior de los espárragos en el punto donde el tallo cambia de blanco a verde. Para pelar los espárragos, comience por debajo de la punta y, con un pelador de cuchilla

giratoria, pele la piel de color verde oscuro hasta la punta del tallo.

dos. Hierva aproximadamente 2 pulgadas de agua en una sartén grande. Agrega los espárragos y sal al gusto. Cocine hasta que los espárragos se doblen ligeramente al levantarlos del extremo del tallo, de 4 a 8 minutos. El tiempo de cocción dependerá del grosor de los espárragos. Retire los espárragos con unas pinzas. Escurrir sobre toalla de papel y secar.

3. Hierva aproximadamente una pulgada de agua en la mitad inferior de una cacerola o baño maría. Coloque las yemas de huevo, el vino y la sal encima del baño maría o en un recipiente resistente al calor que quepa cómodamente sobre la sartén sin tocar el agua.

Cuatro. Batir la mezcla de huevo hasta que esté combinada, luego colocar la cacerola o tazón sobre el agua hirviendo. Batir con una batidora eléctrica o un batidor de varillas hasta que la mezcla tenga un color pálido y una forma suave cuando se levantan los batidores, aproximadamente 5 minutos. Batir la mantequilla hasta que se combine.

5. Vierta la salsa picante sobre los espárragos y sirva inmediatamente.

Espárragos con Taleggio y Piñones

Espárragos con Taleggio y Pinoli

Rinde de 6 a 8 porciones

No muy lejos de Peck's, la famosa gastronomía de Milán (tienda de comida gourmet), se encuentra la Trattoria Milanese. Es un gran lugar para probar platos lombardos clásicos y sencillos, como estos espárragos cubiertos con taleggio, un queso de leche de vaca aromático, semiblando y mantecoso que se elabora localmente y es uno de los mejores quesos de Italia. Fontina o Bel Paese se pueden sustituir si taleggio no está disponible.

2 kilos de espárragos

sal

2 cucharadas de mantequilla sin sal, derretida

6 onzas de taleggio, Fontina Valle d'Aosta o Bel Paese, cortado en trozos pequeños

¼ taza de piñones picados o almendras en rodajas

1 cucharada de pan rallado

1. Coloca una rejilla en el centro del horno. Precaliente el horno a 450 ° F. Unte con mantequilla una fuente para hornear de 13 × 9 × 2 pulgadas.

dos. Recorta la parte inferior de los espárragos en el punto donde el tallo cambia de blanco a verde. Para pelar los espárragos, comience por debajo de la punta y, con un pelador de cuchilla giratoria, pele la piel de color verde oscuro hasta la punta del tallo.

3. Hierva aproximadamente 2 pulgadas de agua en una sartén grande. Agrega los espárragos y sal al gusto. Cocine hasta que los espárragos se doblen ligeramente al levantarlos por el extremo del tallo, de 4 a 8 minutos. El tiempo de cocción dependerá del grosor de los espárragos. Retire los espárragos con unas pinzas. Escurrirlas sobre papel toalla y secarlas.

Cuatro. Coloque los espárragos en la bandeja para hornear. Rocíe con mantequilla. Unte el queso sobre los espárragos. Espolvorea con nueces y pan rallado.

5. Hornee hasta que el queso se derrita y las nueces estén doradas, aproximadamente 15 minutos. Servir caliente.

timbal de espárragos

Formatos de espárragos

Rinde 6 porciones

Las cremas suaves y sedosas como estas son una preparación pasada de moda, pero que sigue siendo popular en muchos restaurantes italianos, esencialmente porque es muy deliciosa. Casi cualquier verdura se puede preparar de esta manera, y estos pequeños moldes son buenos como guarnición, entrante o plato principal vegetariano. Los sformatini, literalmente "pequeñas cosas sin moho", se pueden servir solos, cubiertos con salsa de tomate o queso, o rodeados de verduras salteadas en mantequilla.

1 tazaSalsa bechamel

1 1/2 libras de espárragos, picados

3 huevos grandes

1/4 taza de Parmigiano-Reggiano recién rallado

Sal y pimienta negra recién molida

1. Preparar la bechamel si es necesario. Hierva aproximadamente 2 pulgadas de agua en una sartén grande. Agrega los espárragos y sal al gusto. Cocine hasta que los espárragos se doblen ligeramente al levantarlos por el extremo del tallo, de 4 a 8 minutos. El tiempo de cocción dependerá del grosor de los espárragos. Retire los espárragos con unas pinzas. Escurrirlas sobre papel toalla y secarlas. Recorta y reserva 6 de los extremos.

dos. Coloque los espárragos en un procesador de alimentos y procese hasta que quede suave. Mezclar los huevos, la bechamel, el queso, 1 cucharadita de sal y pimienta al gusto.

3.Coloca una rejilla en el centro del horno. Precaliente el horno a 350 ° F. Unte generosamente con mantequilla seis tazas o moldes de 6 onzas. Vierta la mezcla de espárragos en tazas. Coloque las tazas en una bandeja para hornear grande y vierta agua hirviendo en la sartén hasta la mitad de los lados de las tazas.

Cuatro. Hornea durante 50 a 60 minutos o hasta que al insertar un cuchillo en el centro éste salga limpio. Retire los moldes de la sartén y pase un cuchillo pequeño por el borde. Invierta los moldes en platos para servir. Cubra con las puntas de espárragos reservadas y sirva caliente.

Frijoles estilo campestre

Fagioli alla Paesana

Rinde aproximadamente 6 tazas de frijoles, sirve de 10 a 12 personas

Este es un método de cocción básico para todo tipo de frijoles. Los frijoles remojados pueden fermentar si se dejan a temperatura ambiente, así que los guardo en el refrigerador. Una vez cocidos sírvelos tal cual con un chorrito de aceite de oliva virgen extra o añádelos a sopas o ensaladas.

1 libra de arándanos, cannellini u otros frijoles secos

1 zanahoria, cortada

1 tallo de apio con hojas

1 cebolla

2 dientes de ajo

2 cucharadas de aceite de oliva

sal

1. Lave los frijoles y recójalos para quitarles los granos rotos o los huesos pequeños.

dos. Coloque los frijoles en un recipiente grande con agua fría para cubrirlos 2 pulgadas. Refrigere de 4 horas a toda la noche.

3. Escurre los frijoles y colócalos en una olla grande con agua fría para cubrirlos 1 pulgada. Lleva el agua a ebullición a fuego medio. Reduzca el fuego a bajo y retire la espuma que suba a la superficie. Cuando la espuma deje de subir añadir las verduras y el aceite de oliva.

Cuatro. Tapa la cacerola y cocina de 11/2 a 2 horas, agregando más agua si es necesario, hasta que los granos estén muy suaves y cremosos. Agrega sal al gusto y deja reposar unos 10 minutos. Deseche las verduras. Servir caliente oa temperatura ambiente.

frijoles toscanos

Fagioli Stufati

Rinde 6 porciones

Los toscanos son los maestros de la cocina de las legumbres. Cocinan verduras secas con hierbas en un líquido que apenas burbujea. La cocción lenta y prolongada produce frijoles suaves y cremosos que mantienen su forma mientras se cocinan.

Prueba siempre varios frijoles para ver si están cocidos, ya que no todos se cocinarán al mismo tiempo. Dejo los frijoles reposar un rato en la estufa después de cocinarlos para asegurarme de que estén cocidos. Quedan buenos cuando están calientes y se recalientan perfectamente.

Los frijoles son buenos como guarnición o en sopas, o pruébelos a cucharadas sobre pan italiano tostado caliente, untado con ajo y rociado con aceite de oliva.

8 onzas de canelones, arándanos u otros frijoles secos

1 diente de ajo grande, ligeramente picado

6 hojas frescas de salvia, o una ramita pequeña de romero, o 3 ramitas de tomillo fresco

sal

aceite de oliva virgen extra

pimienta negra recién molida

1. Lave los frijoles y recójalos para quitarles los granos rotos o los huesos pequeños. Coloque los frijoles en un recipiente grande con agua fría para cubrirlos 2 pulgadas. Refrigere de 4 horas a toda la noche.

dos. Precaliente el horno a 300 ° F. Escurra los frijoles y colóquelos en una olla u otra olla profunda y pesada con tapa hermética. Agregue agua dulce para cubrir 1 pulgada. Agrega el ajo y la salvia. Llevar a ebullición a fuego lento.

3. Cubre el molde y colócalo en la rejilla central del horno. Cocine hasta que los frijoles estén muy tiernos, aproximadamente 1 hora y 15 minutos o más, según el tipo y la edad de los frijoles. Verifique de vez en cuando para ver si se necesita más agua para mantener los frijoles cubiertos. Algunos frijoles pueden requerir 30 minutos adicionales de cocción.

Cuatro. Prueba los frijoles. Cuando estén completamente blanditos añade sal al gusto. Deja reposar los frijoles durante 10 minutos. Servir caliente con un chorrito de aceite de oliva y una pizca de pimienta negra.

ensalada de frijoles

Insalata di Fagioli

Rinde 4 porciones

Sazonar los frijoles mientras están calientes les ayuda a absorber los sabores.

2 cucharadas de aceite de oliva virgen extra

2 cucharadas de jugo de limón fresco

Sal y pimienta negra recién molida

2 tazas de frijoles cocidos o enlatados calientes, como frijoles cannellini o arándanos

1 pimiento amarillo pequeño, cortado en cubitos

1 taza de tomates cherry, cortados por la mitad o en cuartos

2 cebollas verdes, cortadas en trozos de 1/2 pulgada

1 manojo de rúcula, picada

1. En un tazón mediano, mezcle el aceite, el jugo de limón, la sal y la pimienta al gusto. Escurre los frijoles y agrégalos a la salsa. Agitar bien. Déjalo reposar durante 30 minutos.

dos. Agrega el pimiento, el tomate y la cebolla y mezcla. Pruebe y ajuste los condimentos.

3. Coloca la rúcula en un bol y cubre con la ensalada. Servir inmediatamente.

Frijoles y repollo

Fagioli y Cavolo

Rinde 6 porciones

Sirva esto como primer plato en lugar de pasta o sopas, o como guarnición con cerdo o pollo asado.

2 onzas de panceta (4 rebanadas gruesas), cortada en tiras de 1/2 pulgada

2 cucharadas de aceite de oliva

1 cebolla pequeña picada

2 dientes de ajo grandes

1/4 cucharadita de pimiento rojo triturado

4 tazas de repollo picado

1 taza de tomates frescos o enlatados picados

sal

3 tazas de frijoles cannellini o arándanos rojos cocidos o enlatados, escurridos

1. En una sartén grande, cocina la panceta en aceite de oliva durante 5 minutos. Agrega la cebolla, el ajo y el pimiento y cocina hasta que la cebolla se ablande, aproximadamente 10 minutos.

dos. Agrega la col, el tomate y sal al gusto. Reduzca el fuego a bajo y cubra la sartén. Cocine por 20 minutos o hasta que el repollo esté suave. Agrega los frijoles y cocina por otros 5 minutos. Servir caliente.

Frijoles en salsa de tomate y salvia

Fagioli all'Uccelletto

Rinde 8 porciones

Estos frijoles toscanos se cocinan como aves de caza, con salvia y tomates, de ahí su nombre italiano.

1 libra de cannellini secos o frijoles Great Northern, lavados y recogidos

sal

2 ramitas de salvia fresca

3 dientes de ajo grandes

1/4 taza de aceite de oliva

3 tomates grandes, pelados, sin semillas y picados, o 2 tazas de tomates enlatados

1. Coloque los frijoles en un recipiente grande con agua fría para cubrirlos 2 pulgadas. Colóquelos en el refrigerador para que se remojen durante 4 horas o toda la noche.

dos. Escurre los frijoles y colócalos en una olla grande con agua fría para cubrirlos 1 pulgada. Lleva el líquido a ebullición. Tape y cocine hasta que los frijoles estén tiernos, de 11/2 a 2 horas. Agrega sal al gusto y deja reposar por 10 minutos.

3. En una sartén grande, saltee la salvia y el ajo en aceite de oliva a fuego medio, aplanando el ajo con el dorso de una cuchara, hasta que esté dorado, aproximadamente 5 minutos. Agrega los tomates.

Cuatro. Escurrir los frijoles reservando el líquido. Agrega los frijoles a la salsa. Cocine por 10 minutos, agregando un poco del líquido reservado si los frijoles se secan. Servir tibio o a temperatura ambiente.

guiso de garbanzos

Ceci en Zimino

Rinde de 4 a 6 porciones

Este abundante guiso es bueno por sí solo, o puedes agregar algunos fideos pequeños cocidos o arroz y agua o caldo para convertirlo en una sopa.

1 cebolla mediana picada

1 diente de ajo finamente picado

4 cucharadas de aceite de oliva

1 libra de acelgas o espinacas, cortadas y picadas

Sal y pimienta negra recién molida

3 1/2 tazas de garbanzos cocidos o enlatados, escurridos

aceite de oliva virgen extra

1. En una sartén mediana, saltea la cebolla y el ajo en aceite a fuego medio hasta que estén dorados, 10 minutos. Agrega las acelgas y sal al gusto. Tapar y cocinar 15 minutos.

dos. Agrega los garbanzos con un poco del líquido de cocción o agua y salpimenta al gusto. Tape y cocine por otros 30 minutos. Remueve de vez en cuando y machaca algunos garbanzos con el dorso de una cuchara. Agrega un poco más de líquido si la mezcla está demasiado seca.

3. Déjalo enfriar un poco antes de servir. Rocíe con un poco de aceite de oliva virgen extra si lo desea.

Habas con Verduras Amargas

Fave y Cicoria

Rinde de 4 a 6 porciones

Las habas secas tienen un sabor terroso y ligeramente amargo. A la hora de adquirirlos busca la variedad pelada. Son un poco más caras, pero merecen la pena para evitar la piel dura. También se cocinan más rápido que las habas con piel. Puedes encontrar habas secas y peladas en los mercados étnicos y en los especializados en alimentos naturales.

Esta receta es originaria de Puglia, donde es prácticamente el plato nacional. Se puede utilizar cualquier tipo de verde amargo, como achicoria, brócoli rabe, nabos o dientes de león. Me gusta agregar una pizca de pimiento rojo triturado a las verduras mientras se cocinan, pero esto no es tradicional.

8 onzas de habas secas, peladas, lavadas y escurridas

1 papa mediana cocida, pelada y cortada en trozos de 1 pulgada

sal

1 libra de achicoria o hojas de diente de león, recortadas

1/4 taza de aceite de oliva virgen extra

1 diente de ajo finamente picado

pizca de pimiento rojo triturado

1. Coloca los frijoles y las papas en una olla grande. Agregue agua fría hasta cubrir 1/2 pulgada. Llevar a fuego lento y cocinar hasta que los frijoles estén muy suaves y se deshagan y se absorba toda el agua.

dos. Agrega sal al gusto. Triture los frijoles con el dorso de una cuchara o con un machacador de patatas. Agrega el aceite.

3. Traiga una olla grande con agua a hervir. Agrega las verduras y sal al gusto. Cocine hasta que estén tiernos, según la variedad de verduras, de 5 a 10 minutos. Secar bien.

Cuatro. Seca la olla. Agrega el aceite de oliva, el ajo y el pimiento rojo triturado. Cocine a fuego medio hasta que el ajo esté dorado, aproximadamente 2 minutos. Agrega las verduras escurridas y sal al gusto. Mezclar bien.

5. Extiende el puré de frijoles en un plato. Coloca las verduras encima. Rocíe con más aceite si lo desea. Servir caliente o tibio.

Habas frescas a la romana

Favorito de la Romana

Rinde 4 porciones

Las habas frescas en sus vainas son una hortaliza de primavera importante en el centro y sur de Italia. A los romanos les gusta quitarles la cáscara y comerlos crudos como acompañamiento del pecorino tierno. Las judías también se cocinan con otras verduras de primavera como los guisantes y las alcachofas.

Si los frijoles están muy tiernos y blandos, no es necesario pelar la fina piel que recubre cada grano. Prueba a comer uno con piel y otro sin ella para decidir si están tiernos.

El sabor y la textura de los frijoles frescos son completamente diferentes a los de los secos, así que no sustituyas uno por otro. Si no puede encontrar habas frescas, busque frijoles congelados que se venden en muchos mercados italianos y del Medio Oriente. Las habas frescas o congeladas también funcionan bien en este plato.

1 cebolla pequeña finamente picada

4 onzas de panceta, en cubos

2 cucharadas de aceite de oliva

4 libras de habas frescas, sin cáscara (aproximadamente 3 tazas)

Sal y pimienta negra recién molida

1/4 taza de agua

1. En una sartén mediana, saltea la cebolla y la panceta en aceite de oliva a fuego medio durante 10 minutos o hasta que estén doradas.

dos. Agrega los frijoles y sal y pimienta al gusto. Agrega el agua y baja el fuego. Tapa la sartén y cocina por 5 minutos o hasta que los frijoles estén casi tiernos.

3. Abra la sartén y cocine hasta que los frijoles y la panceta estén ligeramente dorados, aproximadamente 5 minutos. Servir caliente.

Habas frescas al estilo de Umbría

scafata

Rinde 6 porciones

Las vainas de haba deben estar firmes y crujientes, no arrugadas ni blandas, lo que indica que son muy viejas. Cuanto más pequeña es la vaina, más suaves son los granos. Calcule 1 libra de frijoles frescos en la vaina por 1 taza de frijoles sin cáscara.

2 1/2 libras de habas frescas sin cáscara o 2 tazas de habas congeladas

1 libra de acelgas, recortadas y cortadas en tiras de 1/2 pulgada

1 cebolla picada

1 zanahoria mediana, picada

1 costilla de apio, picada

1 1/4 taza de aceite de oliva

1 cucharadita de sal

pimienta negra recién molida

1 tomate maduro mediano, pelado, sin semillas y picado

1. En una cacerola mediana, combine todos los ingredientes excepto los tomates. Tape y cocine, revolviendo ocasionalmente, durante 15 minutos o hasta que los frijoles estén tiernos. Añade un poco de agua si las verduras empiezan a pegarse.

dos. Agrega el tomate y cocina destapado por 5 minutos. Servir caliente.

Brócoli con aceite de oliva y limón

agrobrócoli

Rinde 6 porciones

Esta es la forma básica de servir muchos tipos de verduras cocidas en el sur de Italia. Se sirven siempre a temperatura ambiente.

1 1/2 libras de brócoli

sal

1/4 taza de aceite de oliva virgen extra

1 a 2 cucharadas de jugo de limón fresco

Rodajas de limón, para decorar.

1. Corta el brócoli en floretes grandes. Corta los extremos de los tallos. Retire la piel dura con un pelador de verduras de hoja giratoria. Corta los tallos gruesos transversalmente en rodajas de 1/4 de pulgada.

dos. Traiga una olla grande con agua a hervir. Agrega brócoli y sal al gusto. Cocine hasta que el brócoli esté tierno, de 5 a 7 minutos. Escurrir y dejar enfriar un poco con agua corriente fría.

3. Rocíe el brócoli con aceite de oliva y jugo de limón. Decora con rodajas de limón. Servir a temperatura ambiente.

Brócoli al estilo Parma

Brócoli a la parmesana

Rinde 4 porciones

Para variar, prepare este plato con una combinación de coliflor y brócoli.

1 1/2 libras de brócoli

sal

3 cucharadas de mantequilla sin sal

pimienta negra recién molida

1/2 taza de Parmigiano-Reggiano recién rallado

1. Corta el brócoli en floretes grandes. Corta los extremos de los tallos. Retire la piel dura con un pelador de verduras de hoja giratoria. Corta los tallos gruesos transversalmente en rodajas de 1/4 de pulgada.

dos. Traiga una olla grande con agua a hervir. Agrega brócoli y sal al gusto. Cocine hasta que el brócoli esté parcialmente cocido, aproximadamente 5 minutos. Escurrir y enfriar con agua fría.

3. Coloca una rejilla en el centro del horno. Precaliente el horno a 375 ° F. Unte con mantequilla una fuente para hornear lo suficientemente grande como para contener el brócoli.

Cuatro. Coloque los tallos en el plato preparado, superponiéndolos ligeramente. Rocíe con mantequilla y espolvoree con pimienta. Espolvorea queso encima.

5. Hornee por 10 minutos o hasta que el queso se derrita y se dore ligeramente. Servir caliente.

Rabo de brócoli con ajo y pimiento

Cime di Rape con Peperoncino

Rinde 4 porciones

No hay nada mejor que esta receta cuando se trata de darle sabor al brócoli rabe. Este plato también se puede preparar con brócoli o coliflor. Algunas versiones incluyen algunas anchoas salteadas en ajo y aceite, o prueba agregar un puñado de aceitunas para darle un sabor sabroso. Esto también es un excelente aderezo para la pasta.

1 1/2 libras de brócoli rabe

sal

3 cucharadas de aceite de oliva

2 dientes de ajo grandes, en rodajas finas

pizca de pimiento rojo triturado

1. Separa el brócoli en floretes. Recorta la base de los tallos. Pelar los tallos es opcional. Corta cada florete transversalmente en 2 o 3 trozos.

dos. Traiga una olla grande con agua a hervir. Agrega el brócoli rabe y sal al gusto. Cocine hasta que el brócoli esté casi tierno, aproximadamente 5 minutos. Drenar.

3. Seca la sartén y añade el aceite de oliva, el ajo y el pimiento rojo. Cocine a fuego medio hasta que el ajo esté ligeramente dorado, aproximadamente 2 minutos. Añade el brócoli y una pizca de sal. Agitar bien. Tape y cocine hasta que estén tiernos, 3 minutos más. Servir caliente oa temperatura ambiente.

brócoli con jamón

Brócoli Estofado

Rinde 4 porciones

El brócoli en esta receta se cocina hasta que esté lo suficientemente tierno como para triturarlo con un tenedor. Sirva como guarnición o unte sobre pan italiano tostado para hacer crostini.

1 1/2 libras de brócoli

sal

1/4 taza de aceite de oliva

1 cebolla mediana picada

1 diente de ajo finamente picado

4 rebanadas finas de jamón italiano importado, cortadas transversalmente en tiras finas

1. Corta el brócoli en floretes grandes. Corta los extremos de los tallos. Retire la piel dura con un pelador de verduras de hoja giratoria. Corta los tallos gruesos transversalmente en rodajas de 1/4 de pulgada.

dos. Traiga una olla grande con agua a hervir. Agrega brócoli y sal al gusto. Cocine hasta que el brócoli esté parcialmente cocido, aproximadamente 5 minutos. Escurrir y enfriar con agua fría.

3. Seca la sartén y agrega el aceite de oliva, la cebolla y el ajo. Cocine a fuego medio hasta que esté dorado, aproximadamente 10 minutos. Agrega el brócoli. Tapar y bajar el fuego a bajo. Cocine hasta que el brócoli esté tierno, aproximadamente 15 minutos.

Cuatro. Triture el brócoli con un machacador de patatas o un tenedor. Agrega el jamón. Sazone al gusto con sal y pimienta. Servir caliente.

Bocaditos de pan rabe con brócoli

Morsi con la Cime di Rape

Rinde 4 porciones

Una minestra puede ser una sopa espesa hecha con pasta o arroz, o un sustancioso plato de verduras, como este de Puglia que contiene cubitos de pan. Aunque probablemente lo inventó una ama de casa ahorrativa con sobras de pan y muchas bocas que llenar, es lo suficientemente sabroso como primer plato o como guarnición con costillas o chuletas de cerdo.

1 1/2 libras de brócoli rabe

3 dientes de ajo, en rodajas finas

pizca de pimiento rojo triturado

1/3 taza de aceite de oliva

4 a 6 rebanadas (de 1/2 pulgada de grosor) de pan italiano o francés, cortadas en trozos pequeños

1.Separa el brócoli en floretes. Recorta la base de los tallos. Pelar los tallos es opcional. Corta cada florete transversalmente en trozos de 1 pulgada.

dos. Traiga una olla grande con agua a hervir. Agrega el brócoli rabe y sal al gusto. Cocine hasta que el brócoli esté casi tierno, aproximadamente 5 minutos. Drenar.

3.En una sartén grande, sofreír el ajo y el pimiento rojo en aceite de oliva durante 1 minuto. Agrega los cubos de pan y cocina, revolviendo frecuentemente, hasta que el pan esté ligeramente tostado, aproximadamente 3 minutos.

Cuatro.Añade el brócoli rabe y una pizca de sal. Cocine, revolviendo, por otros 5 minutos. Servir caliente.

Cola de brócoli con bacon y tomate

Cime di Tamboril al Pomodori

Rinde 4 porciones

En esta receta, el sabor carnoso de la panceta, la cebolla y el tomate complementa el atrevido sabor del brócoli. Este es otro de esos platos que quedarían genial para mezclar con pasta cocida caliente.

1 1/2 libras de brócoli rabe

sal

2 cucharadas de aceite de oliva

2 rebanadas gruesas de tocino, picadas

1 cebolla mediana picada

pizca de pimiento rojo triturado

1 taza de tomates enlatados picados

2 cucharadas de vino blanco seco o agua

1.Separa el brócoli en floretes. Recorta la base de los tallos. Pelar los tallos es opcional. Corta cada florete transversalmente en trozos de 1 pulgada.

dos. Traiga una olla grande con agua a hervir. Agrega el brócoli rabe y sal al gusto. Cocine hasta que el brócoli esté casi tierno, aproximadamente 5 minutos. Drenar.

3.Vierta el aceite de oliva en una sartén grande. Agrega la panceta, la cebolla y el pimiento rojo y cocina a fuego medio hasta que la cebolla esté transparente, aproximadamente 5 minutos. Añade los tomates, el vino y una pizca de sal. Cocine por otros 10 minutos o hasta que espese.

Cuatro. Agregue el brócoli y cocine hasta que esté completamente caliente, aproximadamente 2 minutos. Servir caliente.

Pequeñas tartas de verduras

Frittelle di Erbe di Campo

Rinde 8 porciones

En Sicilia, estas pequeñas tortitas de verduras se elaboran con verduras silvestres amargas. Puedes utilizar brócoli rabe, hojas de mostaza, borraja o achicoria. Estos pequeños pasteles se comen tradicionalmente en Semana Santa como aperitivo o guarnición. Están tibios o a temperatura ambiente.

1 1/2 libras de brócoli rabe

sal

4 huevos grandes

2 cucharadas de caciocavallo o pecorino romano rallado

Sal y pimienta negra recién molida

2 cucharadas de aceite de oliva

1. Separa el brócoli en floretes. Recorta la base de los tallos. Pelar los tallos es opcional. Corta cada florete transversalmente en trozos de 1 pulgada.

dos. Traiga una olla grande con agua a hervir. Agrega el brócoli rabe y sal al gusto. Cocine hasta que el brócoli esté casi tierno, aproximadamente 5 minutos. Drenar. Déjalo enfriar un poco y exprime el agua. Picar el brócoli rabe.

3. En un bol grande, bata los huevos, el queso y sal y pimienta al gusto. Agrega las verduras.

Cuatro. Calienta el aceite de oliva en una sartén grande a fuego medio. Saca una cucharada colmada de la mezcla y agrégala a la sartén. Aplana la mezcla con una cuchara para formar un panqueque pequeño. Repita con la mezcla restante. Cocine un lado de los pasteles hasta que estén ligeramente dorados, aproximadamente 2 minutos, luego voltéelos con una espátula y cocine el otro lado hasta que estén dorados y bien cocidos. Servir caliente oa temperatura ambiente.

coliflor frita

Frita Cavolfiore

Rinde 4 porciones

Intente servir coliflor preparada de esta manera a alguien a quien normalmente no le gusta esta verdura versátil y seguramente se convertirá en un converso. La capa crujiente con sabor a queso crea un gran contraste con la tierna coliflor. Se pueden distribuir como aperitivos para fiestas o servir como guarnición con chuletas a la parrilla. Para obtener la mejor textura, sirva inmediatamente después de cocinar.

1 coliflor pequeña (aproximadamente 1 libra)

sal

1 taza de pan rallado seco

3 huevos grandes

½ taza de Parmigiano-Reggiano recién rallado

pimienta negra recién molida

aceite de oliva vegetal

rodajas de limon

1. Corta la coliflor en floretes de 2 pulgadas. Corta los extremos de los tallos. Corta los tallos gruesos transversalmente en rodajas de 1/4 de pulgada.

dos. Traiga una olla grande con agua a hervir. Agrega la coliflor y sal al gusto. Cocine hasta que la coliflor esté casi tierna, aproximadamente 5 minutos. Escurrir y enfriar con agua fría.

3. Coloque el pan rallado en un plato poco profundo. En un tazón pequeño, bata los huevos, el queso y sal y pimienta al gusto. Pasar los trozos de coliflor por el huevo y luego pasarlos por el pan rallado. Dejar secar sobre una rejilla durante 15 minutos.

Cuatro. Vierta el aceite en una sartén grande y profunda hasta una profundidad de 1/2 pulgada. Calienta a fuego medio hasta que parte de la mezcla de huevo caiga en la sartén chisporrotee y se cocine rápidamente. Mientras tanto, forre una bandeja para hornear con papel toalla.

5. Coloque suficientes trozos de coliflor en la sartén para que quepan cómodamente sin tocarse. Freír los trozos, volteándolos con unas pinzas, hasta que estén dorados y crujientes, aproximadamente 6 minutos. Escurre la coliflor sobre toallas de papel. Repita con la coliflor restante.

6.Sirve la coliflor caliente con rodajas de limón.

puré de coliflor

Puréa di Cavolfiore

Rinde 4 porciones

Aunque parece un puré de patatas normal y corriente, este puré de patatas y coliflor es mucho más ligero y sabroso. Es un buen cambio respecto al puré de patatas e incluso se puede servir con un guiso abundante, comoPierna de ternera guisada.

1 coliflor pequeña (aproximadamente 1 libra)

3 patatas medianas cocidas, peladas y cortadas en cuartos

sal

1 cucharada de mantequilla sin sal

2 cucharadas de Parmigiano-Reggiano rallado

pimienta negra recién molida

1. Corta la coliflor en floretes de 2 pulgadas. Corta los extremos de los tallos. Corta los tallos gruesos transversalmente en rodajas de 1/4 de pulgada.

dos. En una cacerola lo suficientemente grande como para contener todas las verduras, mezcla las patatas con 3 litros de agua fría y sal al gusto. Llevar a ebullición y cocinar durante 5 minutos.

3. Agrega la coliflor y cocina hasta que las verduras estén muy tiernas, unos 10 minutos. Escurre la coliflor y las patatas. Mezcle hasta que quede suave con una batidora eléctrica o una batidora de pie. No batas demasiado o las patatas quedarán pegajosas.

Cuatro. Agrega mantequilla, queso, sal y pimienta al gusto. Servir caliente.

Coliflor Asado

Caviore al horno

Rinde de 4 a 6 porciones

La coliflor pasa de tierna a deliciosa cuando se tuesta hasta que se dore ligeramente. Para variar, mezcle la coliflor cocida con un poco de vinagre balsámico.

1 coliflor mediana (aproximadamente 1 1/2 libras)

1/4 taza de aceite de oliva

Sal y pimienta negra recién molida

1. Corta la coliflor en floretes de 2 pulgadas. Corta los extremos de los tallos. Corta los tallos gruesos transversalmente en rodajas de 1/4 de pulgada.

dos. Coloca una rejilla en el centro del horno. Precalienta el horno a 350 ° F. Extienda la coliflor en una bandeja para hornear lo suficientemente grande como para sostenerla en una sola capa. Rocíe con aceite de oliva y una pizca generosa de sal y pimienta.

3. Ase, revolviendo ocasionalmente, durante 45 minutos o hasta que la coliflor esté tierna y ligeramente dorada. Servir caliente.

coliflor ahogada

Cavolfiore Stufato

Rinde de 4 a 6 porciones

Algunas personas dicen que la coliflor es blanda, pero yo digo que su sabor suave y su textura cremosa son el telón de fondo perfecto para los ingredientes salados.

1 coliflor mediana (aproximadamente 1 1/2 libras)

3 cucharadas de aceite de oliva

1/4 taza de agua

2 dientes de ajo, en rodajas finas

sal

1/2 taza de aceitunas negras blandas, como Gaeta, sin hueso y en rodajas

4 anchoas picadas (opcional)

2 cucharadas de perejil fresco picado

1. Corta la coliflor en floretes de 2 pulgadas. Corta los extremos de los tallos. Corta los tallos gruesos transversalmente en rodajas de 1/4 de pulgada.

dos. Vierte el aceite en una sartén grande y agrega la coliflor. Cocina a fuego medio hasta que la coliflor empiece a dorarse. Añade el agua, el ajo y una pizca de sal. Tapar y cocinar hasta que la coliflor esté tierna al pincharla con un cuchillo y el agua se haya evaporado, unos 10 minutos.

3. Agrega las aceitunas, las anchoas y el perejil y mezcla bien. cocine sin tapar por 2 minutos más, revolviendo ocasionalmente. Servir caliente.

Coliflor con perejil y cebolla

Trifolato de Cavolfiore

Rinde de 4 a 6 porciones

La cebolla, el ajo y el perejil dan sabor a esta coliflor mientras se cocina suavemente en la sartén.

1 coliflor mediana (aproximadamente 1 1/2 libras)

2 cucharadas de aceite de oliva

1 cebolla mediana, finamente rebanada

2 dientes de ajo finamente picados

2 cucharadas de agua

1/4 taza de perejil fresco picado

Sal y pimienta negra recién molida

1. Corta la coliflor en floretes de 2 pulgadas. Corta los extremos de los tallos. Retire la piel dura con un pelador de verduras de hoja giratoria. Corta los tallos gruesos transversalmente en rodajas de 1/4 de pulgada.

dos. En una sartén grande, sofreír la cebolla y el ajo en aceite de oliva y sofreír durante 5 minutos, revolviendo ocasionalmente.

3. Agrega la coliflor, el agua, el perejil y sal y pimienta al gusto. Mezclar bien. Tapa la sartén y cocina por otros 15 minutos o hasta que la coliflor esté tierna. Servir caliente.

Coles de Bruselas asadas

Cavolini al horno

Rinde de 4 a 6 porciones

Si nunca antes has probado las coles de Bruselas asadas, te sorprenderá lo deliciosas que saben. Los horneo hasta que estén bonitos y dorados. Las hojas exteriores se vuelven crujientes mientras que las interiores permanecen suaves. Van muy bien con el cerdo asado.

1 kilo de coles de Bruselas

⅓ taza de aceite de oliva

sal

3 dientes de ajo, rebanados

1. Con un cuchillo pequeño, raspe una rodaja fina de la parte inferior de las coles de Bruselas. Cortarlos por la mitad por la base.

dos. Precalienta el horno a 375 ° F. Vierte el aceite en una fuente para hornear lo suficientemente grande como para contener los brotes en una sola capa. Agrega los brotes, la sal y el ajo. Mezcle bien y voltee los brotes con el lado cortado hacia abajo.

3. Ase los brotes, revolviendo una vez, durante 30 a 40 minutos, o hasta que estén dorados y tiernos. Servir caliente.

Coles de Bruselas con panceta

Cavolini di Bruxelles con panceta

Rinde de 4 a 6 porciones

El ajo y la panceta dan sabor a estos brotes. Sustituye la panceta por tocino para darle un toque de sabor ahumado.

1 kilo de coles de Bruselas

Sal a gusto

2 cucharadas de aceite de oliva

2 rebanadas gruesas de panceta (2 onzas), cortadas en tiras de cerillas

4 dientes de ajo grandes, en rodajas finas

pizca de pimiento rojo triturado

1. Con un cuchillo pequeño, raspe una rodaja fina de la parte inferior de las coles de Bruselas.

dos. Traiga una olla grande con agua a hervir. Agrega los brotes y sal al gusto. Cocine hasta que los brotes estén casi tiernos, aproximadamente 5 minutos.

3. En una sartén grande, cocine la panceta en aceite hasta que esté ligeramente dorada, aproximadamente 5 minutos. Agrega el ajo y el pimiento rojo triturado y cocina hasta que el ajo esté dorado, unos 2 minutos más.

Cuatro. Añade las coles de Bruselas, 2 cucharadas de agua y una pizca de sal. Cocine, revolviendo ocasionalmente, hasta que los brotes estén tiernos y comiencen a dorarse, aproximadamente 5 minutos. Servir caliente.

col dorada con ajo

Cavolo al'Aglio

Rinde 4 porciones

El repollo cocinado de esta manera no sabe a esa verdura blanda y empapada que a todos nos encanta odiar. Siempre he pensado en cocinar demasiado el repollo arruinado, pero en este caso, como las coles de Bruselas asadas arriba, la cocción lenta y prolongada dora el repollo y le da un sabor rico y dulce. Lo probé por primera vez en Manducatis, un restaurante en Long Island City cuyos dueños son de Montecassino, Italia.

1 repollo mediano (aproximadamente 1 1/2 libras)

3 dientes de ajo grandes, finamente picados

pimiento rojo molido

1/4 taza de aceite de oliva

sal

1. Recorta las hojas exteriores del repollo. Con un cuchillo grande y pesado, corte el repollo. Cortar el núcleo. Corta el repollo en trozos pequeños.

dos. En una sartén grande, saltee el ajo y el pimiento rojo en aceite de oliva a fuego medio-bajo hasta que el ajo esté dorado, aproximadamente 2 minutos.

3. Agrega el repollo y la sal. Agitar bien. Tape y cocine, revolviendo frecuentemente, durante 20 minutos o hasta que el repollo esté ligeramente dorado y tierno. Añade un poco de agua si el repollo empieza a pegarse. Servir caliente.

Repollo picado con alcaparras y aceitunas

Cavolo al Capperi

Rinde 4 porciones

Aceitunas y alcaparras decoran el repollo picado. Si no quieres comprar un repollo entero, intenta hacerlo con una bolsa de ensalada de col natural de la sección de productos agrícolas del supermercado. La marca que compro es una combinación de repollo blanco, un poco de lombarda y zanahorias. Funciona perfectamente en esta receta.

4 cucharadas de aceite de oliva

1 repollo pequeño (aproximadamente 1 libra)

Aproximadamente 3 cucharadas de agua

1 a 2 cucharadas de vinagre de vino blanco

sal

1/2 taza de aceitunas verdes picadas

1 cucharada de alcaparras picadas

1.Recorta las hojas exteriores del repollo. Con un cuchillo grande y pesado, corte el repollo. Cortar el núcleo. Corta los cuartos transversalmente en tiras estrechas.

dos. En una sartén grande, calienta el aceite de oliva a fuego medio. Agrega la col, el agua, el vinagre y un poco de sal. Agitar bien.

3.Tapa la sartén y baja el fuego. Cocine hasta que el repollo esté casi tierno, unos 15 minutos.

Cuatro. Agrega las aceitunas y las alcaparras. Cocine hasta que el repollo esté muy tierno, unos 5 minutos más. Si queda mucho líquido en la sartén, destapa y cocina hasta que se evapore. Servir caliente.

Repollo con tocino ahumado

Verze con Pancetta Affumicata

Rinde 6 porciones

Aquí tienes otra receta tradicional friulana inspirada por el chef Gianni Cosetti. Gianni usa panceta ahumada para esta receta, pero puedes sustituirla por tocino ahumado o jamón.

2 cucharadas de aceite de oliva

1 cebolla mediana picada

2 onzas de panceta, tocino o jamón ahumados picados

½ repollo mediano, en rodajas finas

Sal y pimienta negra recién molida

1. En una sartén grande, saltea el aceite de oliva, la cebolla y la panceta durante 10 minutos o hasta que estén doradas.

dos. Agrega el repollo y sal y pimienta al gusto. Baja el fuego. Tape y cocine por 30 minutos o hasta que estén muy tiernos. Servir caliente.

cardos fritos

Fritti Cardoni

Rinde 6 porciones

Aquí tienes una receta básica de cardos: se hierven, se recubren con pan rallado y se fríen hasta que estén crujientes. Son buenos como parte de una variedad de antipasti o como acompañamiento de cordero o pescado.

1 limón cortado por la mitad

2 kilos de cardos

3 huevos grandes

2 cucharadas de Parmigiano-Reggiano recién rallado

Sal y pimienta negra recién molida

2 tazas de pan rallado

aceite vegetal para freír

rodajas de limon

1. Exprime el limón en un recipiente grande con agua fría. Recorta los extremos de los cardos y separa el tallo en nervaduras. Con un cuchillo, pele cada costilla para quitar los hilos y las hojas largos y duros. Corta cada costilla en trozos de 3 pulgadas. Coloca los trozos en agua con limón.

dos. Traiga una olla grande con agua a hervir. Escurrir los cardos y añadirlos a la sartén. Hervir hasta que estén tiernos al pincharlos con un cuchillo, aproximadamente de 20 a 30 minutos. Escurrir bien y enfriar con agua corriente. Secar las piezas.

3. Forre una bandeja para hornear con papel toalla. En un recipiente poco profundo batir los huevos con el queso, sal y pimienta al gusto. Extienda el pan rallado sobre una hoja de papel pergamino. Mojar los cardos en el huevo y luego rebozarlos en pan rallado.

Cuatro. En una sartén grande y profunda, caliente aproximadamente 1/2 pulgada de aceite a fuego medio hasta que una pequeña gota de huevo chisporrotee y se cocine rápidamente al caer en la sartén. Agregue suficientes cardos para que quepan en una capa con poca gente. Cocine, volteando los trozos con unas pinzas, hasta que estén dorados y crujientes por todos lados, aproximadamente de 3 a 4 minutos. Escurrir sobre toalla de papel. Mantenlos calientes en el horno bajo mientras fríes el resto. Servir caliente con rodajas de limón.

Cardos con Parmigiano-Reggiano

Cardoni con parmesana

Rinde 6 porciones

Los cardos quedan deliciosos asados con mantequilla y parmesano.

1 limón cortado por la mitad

Aproximadamente 2 kilos de cardos

Sal y pimienta recién molida

3 cucharadas de mantequilla sin sal

1/2 taza de Parmigiano-Reggiano recién rallado

1. Preparar los cardos como encardos fritoshasta el paso 2.

dos. Coloca una rejilla en el centro del horno. Precaliente el horno a 450 ° F. Engrase generosamente una fuente para hornear de 13 × 9 × 2 pulgadas con mantequilla.

3. Coloca los trozos de cardo en la bandeja para hornear. Rocíe con mantequilla y espolvoree con sal y pimienta. Unte el queso encima.

Cuatro. Hornee de 10 a 15 minutos o hasta que el queso se derrita ligeramente. Servir caliente.

Cardos Crema

Cardoni a la Panna

Rinde 6 porciones

Estos cardos se cuecen en una sartén con un poco de nata. Parmigiano-Reggiano añade el toque final.

1 limón cortado por la mitad

Aproximadamente 2 kilos de cardos

2 cucharadas de mantequilla sin sal

Sal y pimienta negra recién molida

1 1/2 taza de crema

1/2 taza de Parmigiano-Reggiano recién rallado

1. Preparar los cardos como encardos fritoshasta el paso 2.

dos. En una sartén grande, derrita la mantequilla a fuego medio. Agrega los cardos y salpimenta al gusto. Revuelva hasta que esté cubierto de mantequilla, aproximadamente 1 minuto.

3. Agrega la nata y deja hervir. Cocine hasta que la crema espese un poco, aproximadamente 1 minuto. Espolvorea con queso y sirve caliente.

Zanahorias y Nabos con Marsala

Mixto De Rape Y Carote

Rinde 4 porciones

Marsala, dulce y con sabor a nuez, realza el sabor de los tubérculos como las zanahorias y los nabos.

4 zanahorias medianas

2 nabos medianos o 1 nabo grande

2 cucharadas de mantequilla sin sal

sal

1/4 taza de Marsala seco

1 cucharada de perejil fresco picado

1. Pele las zanahorias y los nabos y córtelos en trozos de 1 pulgada.

dos. En una sartén grande, derrita la mantequilla a fuego medio. Agrega las verduras y sal al gusto. Cocine por 5 minutos, revolviendo ocasionalmente.

3. Agrega el Marsala. Tape y cocine por otros 5 minutos o hasta que el vino se evapore y las verduras estén tiernas. Espolvorea con perejil y sirve inmediatamente.

Zanahorias asadas con ajo y aceitunas

Carote al Horno

Rinde 4 porciones

Las zanahorias, el ajo y las aceitunas son una combinación sorprendentemente buena, y el sabor salado de las aceitunas contrasta con el dulzor de las zanahorias. Los tenía en Liguria, cerca de la frontera francesa.

8 zanahorias medianas, peladas y cortadas diagonalmente en rodajas de 1/2 pulgada de grosor

2 cucharadas de aceite de oliva

3 dientes de ajo, rebanados

Sal y pimienta negra recién molida

1/2 taza de aceitunas negras importadas, suaves y sin hueso, como Gaeta

1. Coloca una rejilla en el centro del horno. Precaliente el horno a 425 ° F. En una bandeja para hornear grande, mezcle las zanahorias con aceite, ajo, sal y pimienta al gusto.

dos. Hornea 15 minutos. Agrega las aceitunas y cocina hasta que las zanahorias estén tiernas, unos 5 minutos más, sirve caliente.

zanahoria en crema

Carote a la Panna

Rinde 4 porciones

Las zanahorias se comen crudas con tanta frecuencia que olvidamos lo buenas que pueden ser cocidas. En esta receta, la crema espesa complementa su dulce sabor.

8 zanahorias medianas

2 cucharadas de mantequilla sin sal

sal

1/2 taza de crema

pizca de nuez moscada rallada

1. Pelar las zanahorias. Córtelos en rodajas de 1/4 de pulgada de grosor.

dos. En una cacerola mediana a fuego medio, derrita la mantequilla. Agrega la zanahoria y sal al gusto. Tape y cocine, revolviendo ocasionalmente, hasta que las zanahorias estén tiernas, aproximadamente 5 minutos.

3. Agrega la nata y la nuez moscada. Cocine hasta que la crema espese y las zanahorias estén tiernas, de 4 a 5 minutos más. Servir inmediatamente.

zanahorias agridulces

Carote en Agrodolce

Rinde 4 porciones

Me gusta servir estas zanahorias con cerdo asado o pollo. Si tienes un poco de perejil, menta o albahaca a mano, pica la hierba y mézclala con las zanahorias antes de servir.

8 zanahorias medianas

1 cucharada de mantequilla sin sal

3 cucharadas de vinagre de vino blanco

2 cucharadas de azúcar

sal

1. Pelar las zanahorias. Córtelos en rodajas de 1/4 de pulgada de grosor.

dos. En una cacerola mediana, derrita la mantequilla a fuego medio. Agrega el vinagre y el azúcar y revuelve hasta que el azúcar se disuelva. Agrega la zanahoria y sal al gusto. Tape la sartén y cocine hasta que las zanahorias se ablanden, aproximadamente 5 minutos.

3.Abra la sartén y cocine las zanahorias, revolviendo con frecuencia, hasta que estén tiernas, unos 5 minutos más. Al gusto para el condimento. Servir caliente oa temperatura ambiente.

Berenjenas marinadas con ajo y menta

Adobo Melanzano

Rinde de 4 a 6 porciones

Es excelente como guarnición de pollo a la parrilla o como parte de una variedad de antipasti. De esta forma también se pueden preparar calabacines y zanahorias.

2 berenjenas medianas (aproximadamente 1 libra cada una)

sal

Aceite de oliva

3 cucharadas de vinagre de vino tinto

2 dientes de ajo finamente picados

1/4 taza de menta fresca picada

pimienta negra recién molida

1. Corta la parte superior e inferior de las berenjenas. Corte las berenjenas en forma transversal en rodajas de 1/2 pulgada de grosor. Coloca las rodajas en un colador y espolvorea cada capa con sal. Coloca la berenjena en un plato para que escurra durante al menos 30 minutos. Quitar la sal con agua fría y secar las rodajas con papel toalla.

dos. Precaliente el horno a 450 ° F. Unte las rodajas de berenjena con aceite y colóquelas con el lado engrasado hacia abajo en una sola capa sobre bandejas para hornear. Unte la parte superior con aceite de oliva. Hornea las rodajas durante 10 minutos. Voltee y ase hasta que esté dorado y tierno, unos 10 minutos más.

3.En un recipiente de plástico poco profundo con tapa hermética, coloque capas de rodajas de berenjena, superponiéndolas ligeramente. Espolvorea con vinagre, ajo, menta y pimienta. Repita las capas hasta que se utilicen todos los ingredientes.

Cuatro. Cubra y refrigere durante al menos 24 horas antes de servir. Se conservan bien durante varios días.

Berenjenas a la plancha con salsa de tomate fresco

Melanzane alla Griglia con salsa

Rinde 4 porciones

Aquí, las berenjenas en rodajas se asan a la parrilla y luego se cubren con salsa de tomate fresco. Sirva con hamburguesas, filetes o chuletas. Hice preparar berenjenas de esta manera en Abruzzo, donde a menudo se usan pimientos verdes frescos. Si lo prefiere, sustitúyalo por pimiento rojo triturado de un frasco.

1 berenjena mediana (aproximadamente 1 libra)

sal

3 cucharadas de aceite de oliva

1 tomate maduro mediano

2 cucharadas de perejil fresco picado

1 cucharada de pimiento fresco picado (o al gusto)

1 cucharadita de jugo de limón fresco

1. Corta la parte superior e inferior de las berenjenas. Corte la berenjena transversalmente en rodajas de 1/2 pulgada de grosor. Coloca las rodajas en un colador y espolvorea cada capa con sal. Coloca la berenjena en un plato para que escurra durante al menos 30 minutos. Quitar la sal con agua fría y secar las rodajas con papel toalla.

dos. Coloque una parrilla o parrilla a unas 5 pulgadas de la fuente de calor. Precalienta la parrilla o grill. Unte las rodajas de berenjena con aceite de oliva por un lado y colóquelas con el lado engrasado hacia la fuente de calor. Cocine hasta que esté ligeramente dorado, aproximadamente 5 minutos. Voltear las rodajas y untarlas con aceite de oliva. Cocine hasta que esté dorado y tierno, aproximadamente 4 minutos.

3. Coloca las rodajas en un plato, superponiéndolas ligeramente.

Cuatro. Corta el tomate por la mitad y exprime las semillas y el jugo. Picar el tomate. En un tazón mediano, combina los tomates con el perejil, la pimienta, el jugo de limón y sal al gusto. Vierte la mezcla de tomate sobre la berenjena. Servir a temperatura ambiente.

"Sándwiches" de berenjena y mozzarella

Panini de mozzarella

Rinde 6 porciones

A veces agrego una loncha de jamón doblada a estos "sándwiches" y los sirvo como aperitivo. Vierta un poco de salsa de tomate, si la tiene, y espolvoree con queso parmesano rallado, si lo desea.

2 berenjenas medianas (aproximadamente 1 libra cada una)

sal

Aceite de oliva

pimienta negra recién molida

1 cucharada de tomillo fresco picado o perejil de hoja plana

8 onzas de mozzarella fresca, en rodajas finas

1. Corta la parte superior e inferior de las berenjenas. Con un pelador de cuchilla giratoria, retire tiras de piel a lo largo en intervalos de aproximadamente 1 pulgada. Corta la berenjena transversalmente en un número par de rodajas de 1/2 pulgada de grosor. Coloca las rodajas en un colador y espolvorea cada capa con sal. Coloca el colador en un plato para que escurra

durante al menos 30 minutos. Quitar la sal con agua fría y secar las rodajas con papel toalla.

dos. Precaliente el horno a 450 ° F. Unte las rodajas de berenjena con aceite de oliva y colóquelas con el lado aceitado hacia abajo en una sola capa sobre bandejas para hornear. Cepille la parte superior con aceite adicional. Espolvorea con pimienta y hierbas. Hornea 10 minutos. Voltee las rebanadas y hornee por otros 10 minutos, o hasta que estén ligeramente doradas y suaves.

3.Saca las berenjenas del horno, pero déjalo encendido.

Cuatro. Cubre la mitad de las rodajas de berenjena con mozzarella. Coloca las rodajas de berenjena restantes encima. Regrese las bandejas para hornear al horno durante 1 minuto o hasta que el queso comience a derretirse. Servir caliente.

Berenjena con ajo y hierbas

Melanzane al horno

Rinde de 6 a 8 porciones

Me gusta usar berenjenas japonesas largas y delgadas cuando las veo en el mercado de agricultores durante los meses de verano. Son excelentes para comidas de verano simplemente asadas con ajo y hierbas.

3 cucharadas de aceite de oliva

8 berenjenas japonesas pequeñas (todas del mismo tamaño)

1 diente de ajo, finamente picado

2 cucharadas de albahaca fresca picada

Sal y pimienta negra recién molida

1. Coloca una rejilla en el centro del horno. Precaliente el horno a 400 ° F. Engrase una bandeja para hornear grande.

dos. Recorta los extremos del tallo de las berenjenas y córtalas por la mitad a lo largo. Haga varias hendiduras poco profundas en las superficies de corte. Coloque las berenjenas con los lados cortados hacia arriba en la bandeja para hornear.

3.En un tazón pequeño, mezcle el aceite de oliva, el ajo, la albahaca y sal y pimienta al gusto. Extiende la mezcla sobre las berenjenas, empujando un poco por las aberturas.

Cuatro. Hornea de 25 a 30 minutos o hasta que las berenjenas estén tiernas. Servir caliente oa temperatura ambiente.

Palitos de berenjena napolitana con tomate

Bastoncini de Melanzane

Rinde 4 porciones

En el restaurante Dante and Beatrice de Nápoles, las comidas comienzan con una serie de pequeños aperitivos. Palitos de berenjena en salsa de tomate fresco y albahaca son uno de los platos que nos gustan a mi marido y a mí allí. Las berenjenas japonesas son más suaves que la variedad globo grande, pero se puede usar cualquier tipo para esta receta.

6 berenjenas japonesas pequeñas (aproximadamente 1 1/2 libras)

aceite vegetal para freír

sal

2 dientes de ajo, pelados y ligeramente triturados

pizca de pimiento rojo triturado

3 cucharadas de aceite de oliva

4 tomates pera, pelados, sin semillas y picados

1/4 taza de hojas de albahaca, apiladas y cortadas en tiras finas

1. Recorta la parte superior e inferior de las berenjenas y córtalas en 6 gajos a lo largo. Cortar transversalmente en 3 trozos. Seca las piezas con toallas de papel.

dos. Forre una bandeja para hornear con papel toalla. Vierta aproximadamente 1/2 pulgada de aceite en una sartén mediana. Calienta a fuego medio hasta que un pequeño trozo de berenjena chisporrotee cuando se agrega a la sartén. Agregue con cuidado tantas berenjenas como quepan cómodamente en la sartén en una sola capa. Cocine, revolviendo ocasionalmente, hasta que los bordes estén ligeramente dorados, aproximadamente 5 minutos. Retire las berenjenas con una espumadera o espumadera y escúrralas sobre toallas de papel. Repita con la berenjena restante. Espolvorea con sal.

3. En una sartén grande, saltee el ajo y el pimiento rojo en aceite de oliva hasta que el ajo esté dorado, aproximadamente 4 minutos. Retire y deseche el ajo. Agrega los tomates y cocina por 5 minutos o hasta que espese.

Cuatro. Agrega las berenjenas y la albahaca y cocina por 2 minutos más. Sazonar con sal al gusto. Servir caliente oa temperatura ambiente

Berenjenas rellenas de jamón y queso

Melanzane Ripien

Rinde 6 porciones

Primos, tíos y tías vinieron de toda la región la primera vez que mi esposo Charles y yo fuimos a visitar a sus familiares, que viven cerca del famoso Valle de los Templos en Agrigento, Sicilia. Cada unidad familiar quería que visitáramos su casa, comiéramos y pasáramos la noche. Queríamos pasar tiempo con todos, pero también queríamos ver algunos de los sitios históricos locales de los que siempre habíamos oído hablar tanto y que solo teníamos unos pocos días. Por suerte, Ángela, la prima de mi marido, se hizo cargo y se aseguró de que estuviéramos bien atendidos. Cuando le dije que estaba interesado en la cocina local, me mostró cómo hacer este delicioso plato de berenjenas.

6 berenjenas pequeñas (aproximadamente 1 1/2 libras)

sal

1/4 taza de aceite de oliva

1 cebolla mediana picada

1 tomate mediano

2 huevos batidos

1/2 taza de caciocavallo, provolone o parmigiano-reggiano rallado

1 1/4 taza de albahaca fresca picada

2 onzas de jamón italiano importado, finamente picado

1/2 taza más 1 cucharada de pan rallado sin sabor

Sal y pimienta negra recién molida

1. Recorta la parte superior de las berenjenas y córtalas por la mitad a lo largo. Con un cuchillo pequeño y afilado y una cuchara, saque la pulpa de las berenjenas, dejando la piel de aproximadamente 1/4 de pulgada de grosor. Picar la pulpa de berenjena.

dos. Coloca la berenjena picada en un colador. Espolvorear generosamente con sal y dejar escurrir en un plato durante al menos 30 minutos. Espolvorea las pieles de berenjena con sal y colócalas con el lado cortado hacia abajo en un plato para que escurran.

3. Quitar la sal con agua fría y secar las berenjenas con toallas de papel. Exprime la pulpa para extraer el agua.

Cuatro. En una sartén mediana, calienta el aceite de oliva a fuego medio. Agregue la cebolla picada y la berenjena y cocine, revolviendo con frecuencia, hasta que estén suaves, aproximadamente 15 minutos. Vierta la mezcla en un bol.

5. Corta el tomate por la mitad y exprime las semillas y el jugo. Pica el tomate y añádelo al bol. Agrega los huevos, el queso, la albahaca, el jamón, 1/2 taza de pan rallado y sal y pimienta al gusto. Mezclar bien.

6. Coloca una rejilla en el centro del horno. Precalienta el horno a 400 ° F. Engrase una bandeja para hornear lo suficientemente grande como para contener las pieles de berenjena en una sola capa.

7. Rellenar las cáscaras con la mezcla de berenjenas, redondeando la superficie. Colócalos en la sartén. Espolvorea con 1 cucharada de pan rallado. Vierta 1/4 taza de agua alrededor de las berenjenas. Hornee durante 45 a 50 minutos o hasta que las cáscaras estén tiernas al perforarlas. Servir caliente oa temperatura ambiente.

Berenjenas rellenas de anchoas, alcaparras y aceitunas

Melanzane Ripien

Rinde 4 porciones

Parece que no hay límites para las formas sicilianas de cocinar berenjenas. Éste combina los sabores clásicos de anchoas, aceitunas y alcaparras.

2 berenjenas medianas (aproximadamente 1 libra cada una)

sal

1/4 taza más 1 cucharada de aceite de oliva

1 diente de ajo grande, finamente picado

2 tomates medianos, pelados, sin semillas y picados

6 filetes de anchoa

1/2 taza de Gaeta u otras aceitunas negras tiernas picadas

2 cucharadas de alcaparras, lavadas y escurridas

1/2 cucharadita de orégano seco

⅓ taza de pan rallado seco

1. Corta la parte superior de las berenjenas. Corta las berenjenas por la mitad a lo largo. Con un cuchillo pequeño y afilado y una cuchara, saque la pulpa de la berenjena, dejando una piel de aproximadamente 1/2 pulgada de grosor. Corta la pulpa en trozos grandes y colócala en un colador. Espolvorea generosamente con sal y coloca en un plato para escurrir. Espolvorea sal el interior de las pieles de berenjena y colócalas boca abajo sobre toallas de papel. Déjalo escurrir durante 30 minutos.

dos. Quitar la sal con agua fría y secar las berenjenas con toallas de papel. Exprime la pulpa para extraer el agua.

3. Calienta el aceite en una sartén grande a fuego medio-alto hasta que un pequeño trozo de berenjena chisporrotee cuando se agrega a la sartén. Agrega la pulpa de berenjena y cocina, revolviendo frecuentemente, hasta que comience a dorarse, de 15 a 20 minutos. Agrega el ajo y cocina 1 minuto. Agrega los tomates, las anchoas, las aceitunas, las alcaparras, el orégano y salpimenta al gusto. Cocine hasta que espese, unos 5 minutos más.

Cuatro. Coloca una rejilla en el centro del horno. Precalienta el horno a 400 ° F. Engrase una bandeja para hornear lo suficientemente grande como para contener las pieles de berenjena en una sola capa.

5.Rellena las cáscaras con la mezcla de berenjenas. Colócalos en la sartén. Mezclar el pan rallado con el aceite restante y espolvorear sobre las conchas. Hornee durante 45 minutos o hasta que las cáscaras estén tiernas al perforarlas. Déjalo enfriar un poco. Servir tibio o a temperatura ambiente.

Berenjenas con vinagre y hierbas

Melanzane alle Erbe

Rinde de 6 a 8 porciones

Planee hacer esto al menos una hora antes de servir. Dejar reposar le dará al vinagre la oportunidad de ablandarse. Me gusta servirlo con atún o pez espada a la parrilla como parte de una barbacoa de verano.

2 berenjenas medianas (aproximadamente 1 libra cada una), cortadas en trozos de 1 pulgada

sal

1/2 taza de aceite de oliva

1/2 taza de vinagre de vino tinto

1/4 taza de azúcar

2 cucharadas de perejil fresco picado

2 cucharadas de menta fresca picada

1. Corta la parte superior e inferior de las berenjenas. Corta las berenjenas en trozos de 1 pulgada. Coloca los trozos en un

colador, espolvoreando cada capa con sal. Coloca el colador en un plato para que escurra durante al menos 30 minutos. Quitar la sal con agua fría y secar los trozos con papel toalla.

dos. Forre una bandeja para hornear con papel toalla. Calienta 1/4 taza de aceite en una sartén grande a fuego medio. Agregue la mitad de los trozos de berenjena y cocine, revolviendo frecuentemente, hasta que estén dorados, aproximadamente 15 minutos. Con una espumadera, transfiera la berenjena a toallas de papel para que escurra. Agrega el aceite restante a la sartén y sofríe el resto de la berenjena de la misma forma.

3. Retire la sartén del fuego y vierta con cuidado el aceite restante. Limpia con cuidado la sartén con toallas de papel.

Cuatro. Coloca la sartén a fuego medio y agrega el vinagre y el azúcar. Revolver hasta que el azúcar se disuelva. Regrese toda la berenjena a la sartén y cocine, revolviendo, hasta que se absorba el líquido, aproximadamente 5 minutos.

5. Transfiera la berenjena a un plato para servir y espolvoree con perejil y menta. Dejar enfriar. Servir a temperatura ambiente.

Chuletas de berenjena fritas

Melanzane Fritte

Rinde de 4 a 6 porciones

La única dificultad con estas chuletas es que es difícil dejar de comerlas. Quedan buenísimos cuando están calientes y recién hechos. Sírvelos en sándwiches o como guarnición.

1 berenjena mediana (aproximadamente 1 libra)

sal

2 huevos grandes

¼ taza de Parmigiano-Reggiano recién rallado

pimienta negra recién molida

1/2 taza de harina de trigo

1 1/2 tazas de pan rallado seco

aceite vegetal para freír

1. Corta la parte superior e inferior de las berenjenas. Corte la berenjena transversalmente en rodajas de 1/4 de pulgada de

grosor. Coloca las rodajas en un colador y espolvorea cada capa con sal. Coloca el colador en un plato para que escurra durante al menos 30 minutos. Quitar la sal con agua fría y secar las rodajas con papel toalla.

dos. Coloca la harina en un recipiente poco profundo. En otro recipiente poco profundo, bata los huevos, el queso, la sal y la pimienta al gusto. Pasar las rodajas de berenjena por la harina, luego por la mezcla de huevo y luego por el pan rallado, batiendo para cubrir bien. Deja secar las rodajas sobre una rejilla durante 15 minutos.

3. Forre una bandeja para hornear con papel toalla. Pon el horno al mínimo. En una sartén grande y pesada, caliente 1/2 pulgada de aceite hasta que una pequeña gota de la mezcla de huevo chisporrotee al tocar el aceite. Agregue suficientes rodajas de berenjena para que quepan en una sola capa sin que se amontonen. Freír hasta que estén dorados por un lado, aproximadamente 3 minutos, luego voltearlos y dorarlos por el otro lado, aproximadamente 2 a 3 minutos más. Escurrir las rodajas de berenjena sobre toallas de papel. Mantenlas calientes en horno bajo mientras fríes el resto de la misma forma. Servir caliente.

Berenjenas con salsa de tomate picante

Melanzano en salsa

Rinde de 6 a 8 porciones

Este plato en capas es similar a la berenjena a la parmesana, sin parmesano. Al no llevar queso es más ligero y fresco, ideal para las comidas de verano.

2 berenjenas medianas (aproximadamente 1 libra cada una)

sal

Aceite de oliva

2 dientes de ajo, picados

2 tazas de puré de tomate

1/2 cucharadita de pimiento rojo triturado

1/2 taza de hojas de albahaca fresca picadas

1. Corta la parte superior e inferior de las berenjenas. Corte las berenjenas en forma transversal en rodajas de 1/2 pulgada de grosor. Coloca las rodajas en un colador y espolvorea cada capa con sal. Coloca el colador en un plato para que escurra durante

al menos 30 minutos. Quitar la sal con agua fría y secar las rodajas con papel toalla.

dos. Coloca una rejilla en el centro del horno. Precaliente el horno a 450 ° F. Unte dos tazas grandes de gelatina con aceite. Coloca las rodajas de berenjena en una sola capa. Cepille con aceite. Hornee hasta que esté ligeramente dorado, aproximadamente 10 minutos. Voltee las rebanadas con una espátula de metal y hornee hasta que el segundo lado esté dorado y las rebanadas estén tiernas al perforarlas, aproximadamente 10 minutos más.

3. En una cacerola mediana, saltee el ajo en 1/4 taza de aceite de oliva a fuego medio hasta que esté dorado, aproximadamente 2 minutos. Agrega el puré de tomate, el pimiento rojo y sal al gusto. Cocine a fuego lento durante 15 minutos o hasta que espese. Deseche el ajo.

Cuatro. En un plato llano, coloque la mitad de las berenjenas en una sola capa. Untar con la mitad de la salsa y la albahaca. Repita con los ingredientes restantes. Servir a temperatura ambiente.

berenjena parmesano

Melanzane Parmigiana

Rinde de 6 a 8 porciones

Este es uno de esos platos de los que nunca me canso. Si prefieres no freír la berenjena, prueba a asarla o asarla en rodajas.

2 1/2 tazas salsa marinara u otra salsa de tomate simple

2 berenjenas medianas (aproximadamente 1 libra cada una)

sal

Aceite de oliva o vegetal para freír

8 onzas de mozzarella fresca, en rodajas

1/2 taza de Parmigiano-Reggiano o Pecorino Romano recién rallado

1. Prepara la salsa si es necesario. Luego corta la parte superior e inferior de las berenjenas. Corte las berenjenas en forma transversal en rodajas de 1/2 pulgada de grosor. Coloca las rodajas en un colador y espolvorea cada capa con sal. Coloca el colador en un plato para que escurra durante al menos 30 minutos. Quitar la sal con agua fría y secar las rodajas con papel toalla.

dos. Forre una bandeja para hornear con papel toalla. Caliente aproximadamente 1/2 pulgada de aceite en una sartén grande a fuego medio hasta que un pequeño trozo de berenjena chisporrotee cuando se agregue a la sartén. Agregue suficientes rodajas de berenjena para que quepan en una sola capa sin que se amontonen. Freír hasta que estén dorados por un lado, aproximadamente 3 minutos, luego voltearlos y dorarlos por el otro lado, aproximadamente 2 a 3 minutos más. Escurrir las rodajas sobre toallas de papel. Cocine las rodajas de berenjena restantes de la misma manera.

3. Coloca una rejilla en el centro del horno. Precaliente el horno a 350 ° F. Extienda una fina capa de salsa de tomate en una fuente para hornear de 13 × 9 × 2 pulgadas. Coloque las rodajas de berenjena en capas, superponiéndolas ligeramente. Cubrir con una capa de mozzarella, otra capa de salsa y una pizca de queso rallado. Repite las capas, terminando con berenjena, salsa y queso rallado.

Cuatro. Hornea por 45 minutos o hasta que la salsa burbujee. Déjalo reposar 10 minutos antes de servir.

hinojo asado

Finocho al horno

Rinde 4 porciones

Cuando era pequeña, nunca comíamos hinojo cocido. Siempre se ha servido crudo, añadiendo un toque crujiente refrescante a las ensaladas o en rodajas después de una comida, especialmente en las grandes fiestas navideñas. Pero cocinarlo controla parte del sabor y cambia la textura para que quede suave y tierno.

2 bulbos de hinojo medianos (aproximadamente 1 libra)

1/4 taza de aceite de oliva

sal

1. Coloca una rejilla en el centro del horno. Precalienta el horno a 425 ° F. Recorta los tallos de hinojo verde hasta obtener el bulbo redondo. Elimine los hematomas con un cuchillo pequeño o un pelador de verduras. Corta una capa fina desde el extremo de la raíz. Corta el hinojo por la mitad a lo largo. Corta cada mitad a lo largo en rodajas de 1/2 pulgada de grosor.

dos. Vierta el aceite en una fuente para hornear de 13×9×2 pulgadas. Añade las rodajas de hinojo y voltéalas para cubrirlas con aceite. Coloca las rodajas en una sola capa. Espolvorea con sal.

3.Cubre la fuente para hornear con papel de aluminio. Hornea 20 minutos. Destape y ase durante otros 15 a 20 minutos o hasta que el hinojo esté tierno al pincharlo con un cuchillo. Servir caliente oa temperatura ambiente.

Hinojo con queso parmesano

Finocchio a la parmesana

Rinde 6 porciones

Este hinojo primero se cuece en agua para que quede más suave. Luego se cubre con queso parmigiano rallado y se hornea. Sirva con rosbif o cerdo.

2 bulbos pequeños de hinojo (aproximadamente 1 libra)

sal

2 cucharadas de mantequilla sin sal

pimienta negra recién molida

¼ taza de Parmigiano-Reggiano rallado

1. Coloca una rejilla en el centro del horno. Precaliente el horno a 450 ° F. Engrase generosamente una fuente para hornear de 13 × 9 × 2 pulgadas.

dos. Recorta los tallos de hinojo verde hasta llegar al bulbo redondeado. Elimine los hematomas con un cuchillo pequeño o un pelador de verduras. Corta una capa fina desde el extremo de la raíz. Corta los bulbos a lo largo a través del corazón en rodajas de 1/4 de pulgada de grosor.

3. En una olla grande hervir 2 litros de agua. Agrega el hinojo y 1 cucharadita de sal. Reduzca el fuego y cocine a fuego lento, sin tapar, hasta que el hinojo esté tierno, de 8 a 10 minutos. Escurrir bien y secar.

Cuatro. Coloca las rodajas de hinojo en una sola capa sobre la bandeja para hornear. Rocíe con mantequilla y espolvoree con sal y pimienta al gusto. Cubrir con queso. Hornea por 10 minutos o hasta que el queso esté ligeramente dorado. Servir caliente oa temperatura ambiente.

Hinojo con salsa de anchoas

Finocho con Salsa Acciughe

Rinde 4 porciones

En lugar de ablandar el hinojo hirviéndolo, en esta receta se tapa y se asa, dejándolo cocer al vapor en su propio jugo. El sabor permanece intacto y el hinojo queda ligeramente crujiente pero aún suave. Si prefieres el hinojo más suave, hiérvelo como en la receta del hinojo.Hinojo con queso parmesano.

Como el hinojo cocinado de esta manera es tan sabroso, me gusta servirlo con pollo a la parrilla o chuletas de cerdo simples. Esto también es un buen antipasto a temperatura ambiente.

2 bulbos de hinojo medianos (alrededor de un kilo)

4 filetes de anchoa, escurridos y picados

2 cucharadas de perejil fresco picado

2 cucharadas de alcaparras, lavadas y escurridas

pimienta negra recién molida

sal (opcional)

¹1/4 taza de aceite de oliva

1. Coloca una rejilla en el centro del horno. Precaliente el horno a 375 ° F. Engrase una fuente para hornear de 13 × 9 × 2 pulgadas.

dos. Recorta los tallos de hinojo verde hasta llegar al bulbo redondeado. Elimine los hematomas con un cuchillo pequeño o un pelador de verduras. Corta una capa fina desde el extremo de la raíz. Corta los bulbos a lo largo a través del corazón en rodajas de 1/4 de pulgada de grosor.

3. Coloca el hinojo en una sola capa en la sartén, superponiendo ligeramente las rodajas. Espolvorea anchoas, perejil, alcaparras y pimienta por encima. Añade sal si quieres. Rocíe con aceite de oliva.

Cuatro. Cubre la fuente para hornear con papel de aluminio. Hornea por 40 minutos o hasta que el hinojo esté tierno. Retire con cuidado el papel de aluminio y ase durante 5 minutos más, o hasta que el hinojo esté tierno al perforarlo, pero no blando. Déjalo enfriar un poco antes de servir.

Judías verdes con perejil y ajo

Fagiolini al Aglio

Rinde 4 porciones

El perejil fresco es imprescindible en la cocina italiana. Siempre guardo un montón en mi nevera. Cuando llego a casa de la tienda, corto los extremos y coloco los tallos en una jarra con agua. Cubierta con una bolsa de plástico, la salsa se mantiene fresca durante al menos una semana en el refrigerador, especialmente si tengo cuidado de cambiar el agua del frasco. Lavar el perejil antes de usarlo para quitarle la arena y exprimir las hojas de los tallos. Pica el perejil sobre una tabla de cortar con un cuchillo de chef grande o, si lo prefieres, simplemente pícalo. El perejil fresco picado aporta color y frescura a muchos alimentos.

Como variación, dale una última vuelta a estos frijoles en la sartén con un poco de ralladura de limón antes de servir.

1 kilo de judías verdes

sal

3 cucharadas de aceite de oliva

1 diente de ajo finamente picado

2 cucharadas de perejil fresco picado

pimienta negra recién molida

1. Recorta los extremos del tallo de las judías verdes. Ponga a hervir unos 2 litros de agua en una olla grande. Agrega los frijoles y sal al gusto. Cocine sin tapar hasta que los frijoles estén tiernos, de 4 a 5 minutos.

dos. Escurrir los frijoles y secar. (Si no los va a usar de inmediato, déjelos enfriar con agua corriente fría. Envuelva los frijoles en un paño de cocina y déjelos a temperatura ambiente por hasta 3 horas).

3. Justo antes de servir, calienta el aceite de oliva con el ajo y el perejil en una sartén grande a fuego medio. Agrega las judías y una pizca de pimienta. Mezclar suavemente durante 2 minutos hasta que esté caliente. Servir caliente.

Judías verdes con avellanas

Fagiolini al Nocciole

Rinde 4 porciones

Las nueces y las almendras también combinan bien con estos cereales, si lo prefieres.

1 kilo de judías verdes

sal

3 cucharadas de mantequilla sin sal

⅓ taza de avellanas picadas

1. Recorta los extremos del tallo de las judías verdes. Ponga a hervir unos 2 litros de agua en una olla grande. Agrega los frijoles y sal al gusto. Cocine sin tapar hasta que los frijoles estén tiernos, de 4 a 5 minutos.

dos. Escurrir bien los frijoles y secar. (Si no los va a usar de inmediato, déjelos enfriar con agua corriente fría. Envuelva los frijoles en un paño de cocina y déjelos a temperatura ambiente por hasta 3 horas).

3. Justo antes de servir, calienta la mantequilla en una sartén grande. Agregue las avellanas y cocine, revolviendo con frecuencia, hasta que las nueces estén ligeramente tostadas y la mantequilla ligeramente dorada, aproximadamente 3 minutos.

Cuatro. Añade las judías y una pizca de sal. Cocine, revolviendo con frecuencia, hasta que esté completamente caliente, de 2 a 3 minutos. Servir inmediatamente.

Judías verdes con salsa verde

Fagiolini con pesto

Rinde 4 porciones

Agregue algunas papas nuevas hervidas a estas judías verdes si lo desea. Sírvelos con salmón a la parrilla o filetes de atún.

1/4 taza salsa verde

1 kilo de judías verdes

sal

1. Prepara la salsa verde si es necesario. Luego, corta los extremos del tallo de las judías verdes. Ponga a hervir unos 2 litros de agua en una olla grande. Agrega los frijoles y sal al gusto. Cocine sin tapar hasta que los frijoles estén tiernos, de 5 a 6 minutos.

dos. Escurrir bien los frijoles y secar. Mezclar con la salsa. Servir tibio o a temperatura ambiente.

Ensalada De Judías Verdes

Fagiolini en Insalata

Rinde 6 porciones

Las anchoas y las hierbas frescas le dan sabor a esta ensalada de judías verdes. Si lo deseas, añade unas tiras de pimiento rojo asado.

1 1/2 libras de judías verdes

4 filetes de anchoa

2 dientes de ajo finamente picados

2 cucharadas de perejil fresco picado

1 cucharada de menta fresca picada

1/4 taza de aceite de oliva

2 cucharadas de vinagre de vino tinto

Sal y pimienta negra recién molida

1. Recorta los extremos del tallo de las judías verdes. Ponga a hervir unos 2 litros de agua en una olla grande. Agrega los

frijoles y sal al gusto. Cocine sin tapar hasta que los frijoles estén tiernos, de 5 a 6 minutos.

dos. Enjuague los frijoles en agua fría y escúrralos bien. Se que.

3.En un tazón mediano, combine las anchoas, el ajo, el perejil, la menta y la sal y pimienta al gusto. Mezclar el aceite y el vinagre.

Cuatro. Mezclar las judías verdes con la salsa y servir.

Judías verdes en salsa de tomate y albahaca

Fagiolini con salsa pomodoro

Rinde 6 porciones

Combinan bien con salchichas o costillas a la parrilla.

1 1/2 libras de judías verdes

sal

2 cucharadas de mantequilla sin sal

1 cebolla pequeña finamente picada

2 tazas de tomates frescos, pelados, sin semillas y picados

pimienta negra recién molida

6 hojas de albahaca fresca, cortadas en trozos

1. Recorta los extremos del tallo de las judías verdes. Ponga a hervir unos 2 litros de agua en una olla grande. Agrega los frijoles y sal al gusto. Cocine sin tapar hasta que los frijoles estén tiernos, de 4 a 5 minutos. Enjuague los frijoles en agua fría y escúrralos bien. Se que.

dos. En una cacerola mediana, derrita la mantequilla a fuego medio. Agrega la cebolla y cocina, revolviendo frecuentemente, hasta que esté dorada, aproximadamente 10 minutos. Agrega los tomates y sal y pimienta al gusto. Llevar a ebullición y cocinar durante 10 minutos.

3. Agrega las judías verdes y la albahaca. Cocine hasta que esté completamente caliente, unos 5 minutos más.

Judías verdes con tocino y cebolla

Fagiolini a la panceta

Rinde 6 porciones

Las judías verdes son más sabrosas y tienen mejor textura cuando se cocinan hasta que estén tiernas. El tiempo exacto de cocción depende del tamaño, la frescura y la madurez de los frijoles. Normalmente pruebo uno o dos para estar seguro. Me gustan cuando ya no se rompen, pero no quedan blandos ni blandos. Esta receta es de Friuli-Venezia Giulia.

1 kilo de judías verdes

sal

1/2 taza de panceta picada (aproximadamente 2 onzas)

1 cebolla pequeña picada

2 dientes de ajo finamente picados

2 cucharadas de perejil fresco picado

2 hojas frescas de salvia

2 cucharadas de aceite de oliva

1. Recorta los extremos del tallo de las judías verdes. Ponga a hervir unos 2 litros de agua en una olla grande. Agrega los frijoles y sal al gusto. Cocine sin tapar hasta que los frijoles estén tiernos, de 4 a 5 minutos. Enjuague los frijoles en agua fría y escúrralos bien. Se que. Corta los frijoles en trozos pequeños.

dos. En una sartén grande, saltea la panceta, la cebolla, el ajo, el perejil y la salvia en aceite de oliva a fuego medio hasta que la cebolla esté dorada, aproximadamente 10 minutos. Añade las judías verdes y una pizca de sal. Cocine hasta que esté completamente caliente, unos 5 minutos más. Servir caliente.

Judías verdes con salsa de tomate y tocino

Fagiolini con salsa pomodori y panceta

Rinde 4 porciones

Estos frijoles son una excelente comida con frittata o tortilla.

1 kilo de judías verdes

sal

¼ taza de panceta picada (aproximadamente 1 onza)

1 diente de ajo finamente picado

2 cucharadas de aceite de oliva

2 tomates maduros grandes, pelados, sin semillas y picados

2 ramitas de romero fresco

pimienta negra recién molida

1. Prepare los frijoles como se describe en el paso 1 del Judías verdes con tocino y cebollareceta, pero no los cortes en pedazos.

dos. En una cacerola mediana, saltea la panceta y el ajo en aceite de oliva a fuego medio hasta que estén dorados, aproximadamente 5 minutos. Agrega los tomates, el romero, sal y pimienta al gusto. Llevar a ebullición y cocinar durante 10 minutos.

3. Agregue los frijoles a la salsa y cocine hasta que estén bien calientes, aproximadamente 5 minutos. Retire el romero. Servir caliente.

Judías verdes con parmesano

Parmigiana Fagiolini

Rinde 4 porciones

La ralladura de limón, la nuez moscada y el queso añaden sabor a estas judías verdes. Utilice ingredientes frescos para obtener mejores resultados.

1 libra de judías verdes, picadas

2 cucharadas de mantequilla

1 cebolla pequeña picada

1/2 cucharadita de ralladura de limón fresco

Una pizca de nuez moscada recién molida

Sal y pimienta negra recién molida

1/4 taza de Parmigiano-Reggiano recién rallado

1. Recorta los extremos del tallo de las judías verdes. Ponga a hervir unos 2 litros de agua en una olla grande. Agrega los frijoles y sal al gusto. Cocine sin tapar hasta que los frijoles estén tiernos, de 4 a 5 minutos. Enjuague los frijoles en agua fría y escúrralos bien. Se que.

dos. En una sartén mediana, derrita la mantequilla a fuego medio. Agrega la cebolla y cocina hasta que esté dorada, aproximadamente 10 minutos. Agrega los frijoles, la ralladura de limón, la nuez moscada y sal y pimienta al gusto. Espolvorea con queso y retira del fuego. Deja que el queso se derrita un poco y sirve caliente.

Judías con aceitunas

Giallo Fagiolini con Aceitunas

Rinde 4 porciones

Las aceitunas negras brillantes y el perejil verde ofrecen un contraste de color vibrante con los granos cerosos de color amarillo pálido; Las judías verdes también quedan deliciosas preparadas de esta manera. Para servir estos frijoles a temperatura ambiente, reemplaza la mantequilla con aceite de oliva, que se endurece al enfriarse.

1 libra de cera amarilla o judías verdes

sal

3 cucharadas de mantequilla sin sal

1 cebolla pequeña picada

1 diente de ajo finamente picado

1/2 taza de aceitunas negras blandas, como Gaeta, sin hueso y picadas

2 cucharadas de perejil fresco picado

1.Recorta los extremos del tallo de las judías verdes. Ponga a hervir unos 2 litros de agua en una olla grande. Agrega los frijoles y sal al gusto. Cocine sin tapar hasta que los frijoles estén tiernos, de 4 a 5 minutos. Enjuague los frijoles en agua fría y escúrralos bien. Se que. Corta los frijoles en trozos de 1 pulgada.

dos. En una sartén lo suficientemente grande como para contener todos los granos, derrita la mantequilla a fuego medio. Agrega la cebolla y el ajo y cocina hasta que estén suaves y dorados, aproximadamente 10 minutos.

3.Agregue los frijoles, las aceitunas y el perejil hasta que estén bien calientes, aproximadamente 2 minutos. Servir caliente.

espinacas con limon

Espinacas en Limone

Rinde 4 porciones

Un chorrito de aceite de oliva y unas gotas de jugo de limón fresco realzan el sabor de las espinacas cocidas u otras verduras de hojas verdes.

2 libras de espinacas frescas, sin tallos duros

1/4 taza de agua

sal

aceite de oliva virgen extra

rodajas de limon

1. Lavar bien las espinacas con varios cambios de agua fría. Coloca las espinacas, el agua y una pizca de sal en una cacerola grande. Tapa la sartén y enciende a fuego medio. Cocine por 5 minutos o hasta que las espinacas estén suaves y tiernas. Escurre las espinacas y exprime el exceso de agua.

dos. En un bol mezcla las espinacas con aceite de oliva al gusto.

3. Sirva caliente o a temperatura ambiente, adornado con rodajas de limón.

Espinacas u otras verduras con mantequilla y ajo

Verduras para burro

Rinde 6 porciones

La suavidad de la mantequilla y el ajo combina particularmente bien con el ligero amargor de las verduras como las espinacas o las acelgas.

2 libras de espinacas, sin tallos duros

1 1/4 taza de agua

sal

2 cucharadas de mantequilla sin sal

1 diente de ajo finamente picado

pimienta negra recién molida

1. Lavar bien las espinacas con varios cambios de agua fría. Coloca las espinacas, el agua y una pizca de sal en una cacerola grande. Tapa la sartén y enciende a fuego medio. Cocine por 5 minutos o hasta que las espinacas estén suaves y tiernas. Escurre las espinacas y exprime el exceso de agua.

dos. En una sartén mediana, derrita la mantequilla a fuego medio. Agrega el ajo y cocina hasta que esté dorado, aproximadamente 2 minutos.

3. Agrega espinacas, sal y pimienta al gusto. Cocine, revolviendo ocasionalmente, hasta que esté completamente caliente, aproximadamente 2 minutos. Servir caliente.

Espinacas con pasas y piñones

Espinacas con Uvas y Pinoli

Rinde 4 porciones

Las pasas y los piñones se utilizan para dar sabor a muchos platos en el sur de Italia y en todo el Mediterráneo. También se pueden preparar de esta forma acelgas o hojas de remolacha.

2 libras de espinacas frescas, sin tallos duros

1/4 taza de agua

sal

2 cucharadas de mantequilla sin sal

pimienta negra recién molida

2 cucharadas de pasas

2 cucharadas de piñones tostados

1. Lavar bien las espinacas con varios cambios de agua fría. Coloca las espinacas, el agua y una pizca de sal en una cacerola grande. Tapa la sartén y enciende a fuego medio. Cocine por 5 minutos o

hasta que las espinacas estén suaves y tiernas. Escurre las espinacas y exprime el exceso de agua.

dos. Limpia la olla. Derrita la mantequilla en la sartén, luego agregue las espinacas y las pasas. Revuelva una o dos veces y cocine por 5 minutos hasta que las pasas estén suaves. Espolvorea con piñones y sirve inmediatamente.

Espinacas con anchoas al estilo piamontés

Espinacas al Piemontese

Rinde 6 porciones

En Piamonte, estas sabrosas espinacas se suelen servir sobre rebanadas de pan fritas en mantequilla, pero también son buenas solas. Otra variación es cubrir las espinacas con huevos fritos o escalfados.

2 libras de espinacas frescas, sin tallos duros

1/4 taza de agua

sal

1/4 taza de mantequilla sin sal

4 filetes de anchoa

1 diente de ajo finamente picado

1. Lavar bien las espinacas con varios cambios de agua fría. Coloca las espinacas, el agua y una pizca de sal en una cacerola grande. Tapa la sartén y enciende a fuego medio. Cocine por 5 minutos o hasta que las espinacas estén suaves y tiernas. Escurre las espinacas y exprime el exceso de agua.

dos. Limpia la olla. Derrita la mantequilla en la sartén. Agrega las anchoas y el ajo y cocina, revolviendo, hasta que las anchoas se hayan disuelto, aproximadamente 2 minutos. Agregue las espinacas y cocine, revolviendo con frecuencia, hasta que estén completamente calientes, de 2 a 3 minutos. Servir caliente.

escarola con ajo

Scarola al Aglio

Rinde 4 porciones

La escarola es un miembro de la gran y variada familia de la achicoria, que incluye la escarola, la frisée, el diente de león y la achicoria. La escarola es muy popular en la cocina napolitana. Las pequeñas cabezas de escarola se rellenan y se asan, las tiernas hojas interiores se comen crudas en ensaladas y la escarola también se cocina en sopa. Varíe este plato omitiendo el pimiento rojo y agregando 1/4 taza de pasas.

1 cabeza de escarola (aproximadamente 1 libra)

3 cucharadas de aceite de oliva

3 dientes de ajo, en rodajas finas

pizca de pimiento rojo triturado (opcional)

sal

1. Recorta la escarola y desecha las hojas magulladas. Corta los extremos del tallo. Separa las hojas y lávalas bien con agua fría,

especialmente en el centro de las hojas donde se acumula la suciedad. Apila las hojas y córtalas en trozos pequeños.

dos. En una olla grande, cocine el ajo y el pimiento rojo, si lo usa, en aceite de oliva a fuego medio hasta que el ajo esté dorado, aproximadamente 2 minutos. Añade la escarola y sal al gusto. Agitar bien. Tape la sartén y cocine hasta que la escarola esté tierna, aproximadamente de 12 a 15 minutos. Servir caliente.

Diente De León Con Patatas

Diente De León Con Patata

Rinde 4 porciones

Las hojas de diente de león se pueden sustituir por col rizada o acelgas; Necesitas una verdura lo suficientemente firme como para cocinarla al mismo tiempo que las patatas. Un chorrito de vinagre de vino ilumina el sabor de estas verduras y patatas con ajo.

1 manojo de hojas de diente de león (aproximadamente 1 libra)

6 patatas pequeñas, peladas y cortadas en gajos

sal

3 dientes de ajo, picados

3 cucharadas de aceite de oliva

1 cucharada de vinagre de vino blanco

1. Recorta el diente de león y desecha las hojas magulladas. Corta los extremos del tallo. Separa las hojas y lávalas bien con agua fría, especialmente en el centro de las hojas donde se acumula la suciedad. Corta las hojas transversalmente en trozos pequeños.

dos. Llevar a ebullición unos 4 litros de agua. Agrega las rodajas de patata, el diente de león y sal al gusto. Vuelva a hervir el agua y cocine hasta que las verduras estén tiernas, aproximadamente 10 minutos. Secar bien.

3. En una sartén grande, saltee el ajo en aceite de oliva hasta que esté dorado, aproximadamente 2 minutos. Añade las verduras, el vinagre y una pizca de sal. Cocine, revolviendo bien, hasta que esté completamente caliente, aproximadamente 2 minutos. Servir caliente.

Champiñones con ajo y perejil

Hongos trifolatos

Rinde 4 porciones

Esta es probablemente la forma más popular de preparar champiñones en Italia. Intente agregar algunas variedades de hongos exóticos para darle más sabor.

1 paquete (10 a 12 onzas) de champiñones blancos

1/4 taza de aceite de oliva

2 cucharadas de perejil fresco picado

2 dientes de ajo grandes, en rodajas finas

Sal y pimienta negra recién molida

1. Coloque los champiñones en un colador y enjuáguelos rápidamente con agua fría. Escurrir los champiñones y secar. Corta los champiñones por la mitad o en cuartos si son grandes. Recorta las puntas si se ven secas.

dos. En una sartén grande, calienta el aceite de oliva a fuego medio. Agrega los champiñones. Cocine, revolviendo con frecuencia, hasta que los champiñones se doren, de 8 a 10 minutos. Agrega el perejil, el ajo, la sal y la pimienta. Cocine hasta que el ajo esté dorado, unos 2 minutos más. Servir caliente.

Setas al estilo Génova

Hongos en todas las plantas

Rinde 6 porciones

Las laderas que rodean Génova están llenas de setas y hierbas silvestres, por lo que los cocineros las utilizan de diversas formas. Los hongos porcini se usan típicamente para este plato, aunque se puede sustituir por cualquier hongo cultivado de gran tamaño. Dado que los porcini no suelen estar disponibles en los EE. UU., los sustituyo por champiñones portobello, sabrosos y carnosos. A veces los sirvo como pieza central de una comida sin carne.

6 champiñones portobello grandes

4 cucharadas de aceite de oliva

Sal y pimienta negra recién molida

2 dientes de ajo finamente picados

3 cucharadas de perejil fresco de hoja plana finamente picado

1 cucharadita de romero fresco picado

1/2 cucharadita de mejorana seca

1.Coloca una rejilla en el centro del horno. Precalienta el horno a 425 ° F. Engrase una bandeja para hornear lo suficientemente grande como para contener las tapas de los champiñones en una sola capa.

dos. Limpiar los champiñones con una toalla de papel húmeda. Retire los tallos de los champiñones y corte los extremos donde se acumula la tierra. Corta los tallos en rodajas finas. Coloca los tallos de los champiñones en un bol y revuélvelos con 2 cucharadas de aceite.

3.Coloque las tapas de los champiñones con el lado abierto hacia arriba en la sartén. Espolvorear con sal y pimienta.

Cuatro. En un tazón pequeño, combine el ajo, el perejil, el romero, la mejorana y sal y pimienta al gusto. Mezclar con las 2 cucharadas restantes de aceite. Coloque una pizca de la mezcla de hierbas en cada tapa de champiñones. Cubra con varillas.

5.Hornea 15 minutos. Revisa los champiñones para ver si la sartén está demasiado seca. Agregue un poco de agua tibia si es necesario. Hornee por otros 15 minutos o hasta que estén tiernos. Servir caliente oa temperatura ambiente.

champiñones asados

Horno de hongos

Rinde de 4 a 6 porciones

En primavera y otoño, cuando abundan, los champiñones porcini se asan en aceite de oliva hasta que estén ligeramente dorados por los bordes pero suaves y carnosos por dentro. Los porcini son raros y costosos en los Estados Unidos, pero puedes aplicar el mismo tratamiento a otras variedades de champiñones gruesos y carnosos, como cremini, portobello o champiñones blancos, con buenos resultados. Sin embargo, no llenes demasiado la sartén ya que algunas variedades liberan demasiada agua y los champiñones se cocinan al vapor en lugar de dorarse.

1 libra de champiñones, como blancos, cremini o portobello

4 dientes de ajo grandes, en rodajas finas

1/4 taza de aceite de oliva virgen extra

Sal y pimienta negra recién molida

1. Coloca una rejilla en el centro del horno. Precaliente el horno a 400 ° F. Limpie los champiñones con toallas de papel húmedas. Retire los tallos de los champiñones y corte los extremos donde se acumula la tierra. Corta los champiñones en cuartos o en octavos si son grandes. En una fuente para horno lo suficientemente grande como para contener los ingredientes en una sola capa, mezcle los champiñones, el ajo y el aceite con sal y pimienta al gusto. Extiéndelas uniformemente sobre la bandeja para hornear.

dos. Ase durante 30 minutos, revolviendo una o dos veces, hasta que los champiñones estén tiernos y dorados. Servir caliente.

Crema De Champiñones

Hongos en Panna

Rinde 4 porciones

Estos champiñones cremosos son divinos como guarnición de un bistec o como aperitivo, servidos sobre finas rebanadas de pan tostado.

1 paquete (10 a 12 onzas) de champiñones blancos

2 cucharadas de mantequilla sin sal

1/4 taza de chalota finamente picada

Sal y pimienta negra recién molida

1/2 taza de crema

1. Limpiar los champiñones con una toalla de papel húmeda. Retire los tallos de los champiñones y corte los extremos donde se acumula la tierra. Cortar los champiñones en rodajas gruesas.

dos. En una sartén grande, derrita la mantequilla a fuego medio. Agrega la cebolla y cocina hasta que se ablande, aproximadamente 3 minutos. Agrega los champiñones y sal y pimienta al gusto. Cocine, revolviendo con frecuencia, hasta que los champiñones estén ligeramente dorados, aproximadamente 10 minutos.

3. Agrega la nata y cocina a fuego lento. Cocine hasta que la crema esté espesa, aproximadamente 2 minutos. Servir caliente o tibio.

Champiñones rellenos a la crema

Hongos al gratinado

Rinde 4 porciones

Me gusta servirlos como guarnición con un simple bistec a la parrilla o rosbif, pero los champiñones más pequeños preparados de esta manera son buenos como aperitivo.

12 champiñones blancos o cremini grandes

4 cucharadas de mantequilla sin sal

1/4 taza de chalota o cebolla picada

1 cucharadita de tomillo fresco picado o una pizca de tomillo seco

Sal y pimienta negra recién molida

1/4 taza de crema batida o crema espesa

2 cucharadas de pan rallado seco

1. Limpiar los champiñones con una toalla de papel húmeda. Retire los tallos de los champiñones y corte los extremos donde se acumula la tierra. Picar los tallos.

dos. En una sartén mediana, derrita 2 cucharadas de mantequilla. Añade los tallos de los champiñones, la chalota y el tomillo. Sazone con sal y pimienta al gusto. Cocine, revolviendo con frecuencia, hasta que los tallos de los champiñones estén ligeramente dorados, aproximadamente 10 minutos.

3. Agregue la crema y cocine hasta que espese, aproximadamente 2 minutos. Alejar del calor.

Cuatro. Coloca una rejilla en el centro del horno. Precaliente el horno a 375 ° F. Unte con mantequilla una bandeja para hornear lo suficientemente grande como para contener las tapas de los champiñones en una sola capa.

5. Vierta la mezcla de crema en la parte superior. Coloque las tapas en una bandeja para hornear preparada. Espolvorea con pan rallado. Rocíe con las 2 cucharadas restantes de mantequilla.

6. Hornea los champiñones durante 15 minutos o hasta que las migajas estén doradas y la parte superior tierna. Servir caliente.

Champiñones con tomates y hierbas.

Hongos para Pomodoro

Rinde 4 porciones

Estos champiñones se cocinan con ajo, tomate y romero. Colóquelos sobre chuletas de cerdo o bistec.

1 kilo de champiñones blancos

1/4 taza de aceite de oliva

1 diente de ajo finamente picado

1 cucharadita de romero fresco picado

1 tomate grande, pelado, sin semillas y picado

Sal y pimienta negra recién molida

2 cucharadas de perejil fresco picado

1. Limpiar los champiñones con una toalla de papel húmeda. Retire los tallos de los champiñones y corte los extremos donde se acumula la tierra. Corta los champiñones en mitades o cuartos. En una sartén grande, calienta el aceite de oliva a fuego medio. Agrega los champiñones, el ajo y el romero. Cocine, revolviendo con frecuencia, hasta que los champiñones se doren, aproximadamente 10 minutos.

dos. Agrega el tomate y sal y pimienta al gusto. Cocine hasta que los jugos se evaporen, unos 5 minutos más. Agrega el perejil y sirve inmediatamente.

Hongos en Marsala

Hongos en Marsala

Rinde 4 porciones

Las setas y Marsala están hechas el uno para el otro. Sírvelos con pollo o ternera.

1 paquete (10 a 12 onzas) de champiñones blancos

1/4 taza de mantequilla sin sal

1 cucharada de aceite de oliva

1 cebolla mediana picada

Sal y pimienta negra recién molida

2 cucharadas de Marsala seco

2 cucharadas de perejil fresco picado

1. Limpiar los champiñones con una toalla de papel húmeda. Retire los tallos de los champiñones y corte los extremos donde se acumula la tierra. Corta los champiñones en mitades o en cuartos si son grandes. En una sartén grande, derrita la

mantequilla con el aceite de oliva a fuego medio. Agrega la cebolla y cocina hasta que se ablande, 5 minutos.

dos. Agrega los champiñones, sal y pimienta al gusto y el Marsala. Cocine, revolviendo con frecuencia, hasta que la mayor parte del líquido se haya evaporado y los champiñones estén ligeramente dorados, aproximadamente 10 minutos. Agrega el perejil y retira del fuego. Servir caliente.

champiñones asados

Hongos alla Griglia

Rinde 4 porciones

Los champiñones grandes como el portobello, el shiitake y, lo mejor de todo, los porcini, quedan maravillosos a la parrilla. Su textura y sabor son carnosos y jugosos, realzados por los sabores ahumados de la parrilla. Los tallos del shiitake son demasiado leñosos para comerlos. Deséchelos y cocine solo la parte superior.

4 champiñones frescos grandes, como shiitake, portobello o porcini

3 a 4 cucharadas de aceite de oliva

2 a 3 dientes de ajo grandes

2 cucharadas de perejil fresco picado

Sal y pimienta negra recién molida

1. Coloque una parrilla o parrilla a unas 5 pulgadas de la fuente de calor. Precalienta la parrilla o grill.
dos. Limpiar los champiñones con una toalla de papel húmeda. Retire los tallos de los champiñones y corte los extremos donde

se acumula la tierra. Corta los tallos de los champiñones porcini o portobello en rodajas gruesas. Deseche los tallos de los hongos shiitake. Unte los champiñones con aceite de oliva. Coloque las puntas y los tallos en la parrilla con las puntas redondeadas hacia la fuente de calor. Ase hasta que esté ligeramente dorado, aproximadamente 5 minutos.

3. En un tazón pequeño, combine 2 cucharadas de aceite, el ajo, el perejil, sal y pimienta al gusto. Dale la vuelta a los trozos de champiñones y úntalos con la mezcla de aceite.

Cuatro. Cocine hasta que los champiñones estén tiernos, de 2 a 3 minutos más. Servir caliente.

Champiñones fritos

Funghi Fritti

Rinde 6 porciones

Una corteza de pan rallado crujiente cubre estos champiñones. Son buenos como snacks.

1 taza de pan rallado seco

¼ taza de Parmigiano-Reggiano recién rallado

2 huevos grandes, batidos

Sal y pimienta negra recién molida

1 kilo de champiñones blancos frescos

aceite vegetal para freír

rodajas de limon

1. Sobre un trozo de papel pergamino, mezcla el pan rallado con el queso y extiende la mezcla sobre una hoja de papel pergamino.

dos. En un bol pequeño batir los huevos con sal y pimienta al gusto.

3.Enjuague rápidamente los champiñones en agua fría. Secalos. Córtalas por la mitad o en cuartos si son grandes. Sumerge los champiñones en la mezcla de huevo y enróllalos en pan rallado, cubriéndolos por completo. Deje que el recubrimiento se seque durante unos 10 minutos.

Cuatro. Forre una bandeja para hornear con papel toalla. En una sartén amplia y profunda, calienta el aceite hasta que una pequeña gota de huevo chisporrotee y se cocine rápidamente. Agrega los champiñones a la sartén a medida que encajen en una sola capa sin que se amontonen. Fríe los champiñones hasta que estén crujientes y dorados, aproximadamente 4 minutos. Transfiera a una toalla de papel para escurrir. Freír los champiñones restantes de la misma forma.

5.Sirve los champiñones calientes con rodajas de limón.

Gratinado De Champiñones

Tiella di Funghi

Rinde 4 porciones

Se pueden usar champiñones blancos grandes en esta cazuela de Puglia en capas, o sustituirlos por otra variedad carnosa como shiitake, portobello o cremini. Esta es temperatura ambiente o caliente.

1 libra de champiñones portobello, cremini o blancos grandes, en rodajas gruesas

1/2 taza de pan rallado seco

1 1/2 taza de pecorino romano recién rallado

2 cucharadas de perejil fresco picado

4 cucharadas de aceite de oliva

Sal y pimienta negra recién molida

2 cebollas medianas, en rodajas finas

2 tomates medianos, pelados, sin semillas y picados

1. Limpiar los champiñones con una toalla de papel húmeda. Retire los tallos de los champiñones y corte los extremos donde se acumula la tierra. Corta los champiñones en rodajas de al menos 1/4 de pulgada de grosor. Coloca una rejilla en el centro del horno. Precaliente el horno a 350 ° F. Engrase una fuente para hornear de 13 × 9 × 2 pulgadas.

dos. En un tazón mediano, combine el pan rallado, el queso y el perejil. Agrega 2 cucharadas de aceite de oliva y sal y pimienta al gusto.

3. En la fuente para horno, coloque la mitad de los champiñones, superponiendo ligeramente las rodajas. Coloque la mitad de las cebollas y los tomates sobre los champiñones. Espolvorear con sal y pimienta. Unte con la mitad de la mezcla de migas. Repita con los ingredientes restantes. Rocíe con las 2 cucharadas restantes de aceite de oliva.

Cuatro. Hornee por 45 minutos o hasta que los champiñones estén tiernos al pincharlos con un cuchillo. Servir caliente.

Hongos Ostra Con Salchicha

Hongos en Salsiccie

Rinde 4 porciones

Mi amigo Phil Cicconi guarda buenos recuerdos de su padre, Guido, que vino de Ascoli Piceno, en las Marcas. Se instaló en el oeste de Filadelfia, donde había un enclave de lugareños, y le enseñó a Phil a buscar setas silvestres y brócoli en los campos cercanos a su casa. Ahora Phil continúa esta tradición con sus tres hijas. Son especialmente apreciadas las setas de ostra, que crecen en determinados arces. La madre de Phil, Anna Maria, que vino de Abruzzo, preparaba las setas de esta manera. Lo comieron como guarnición con pan italiano crujiente.

En esta receta se pueden utilizar champiñones ostra cultivados o sustituirlos por champiñones blancos en rodajas.

1 libra de champiñones ostra

2 cucharadas de aceite de oliva

2 dientes de ajo finamente picados

2 chalotes, finamente picados

8 onzas de salchicha de cerdo italiana dulce, sin tripa

sal

pizca de pimiento rojo triturado

1 taza de tomates frescos, pelados, sin semillas y picados

1. Limpiar los champiñones con una toalla de papel húmeda. Corta los champiñones en tiras finas a lo largo de las branquias.

dos. Vierta el aceite de oliva en una sartén grande. Agregue el ajo y las chalotas y cocine hasta que se ablanden, aproximadamente 2 minutos. Agrega la salchicha y cocina, revolviendo constantemente, hasta que se dore.

3. Agrega los champiñones, sal al gusto y el pimiento rojo triturado y revuelve bien. Agrega los tomates y 1/4 taza de agua. Llevar a fuego lento.

Cuatro. Baja el fuego y tapa la sartén. Cocine, revolviendo ocasionalmente, durante 30 minutos o hasta que la salchicha esté tierna y la salsa espesa. Servir caliente.

pastel salado

Pasta Frolla Salata

Hace una base para pastel de 9 a 10 pulgadas

Se puede preparar un pastel salado similar a una quiche con queso, huevos y verduras. Estos pasteles son buenos a temperatura ambiente o calientes y se pueden servir como un solo piatto (comida de un solo plato) o como aperitivo. Esta masa es buena para todo tipo de tartas saladas.

Extendí esta masa entre dos láminas de plástico. Evita que la masa se pegue a la tabla y al rodillo, lo que significa que no es necesario añadir más harina, lo que puede endurecer la masa. Para asegurarse de que la corteza esté crujiente en el fondo, hornee parcialmente la cáscara antes de agregar el relleno.

1 1/2 tazas de harina para todo uso

1 cucharadita de sal

1/2 taza (1 barra) de mantequilla sin sal, a temperatura ambiente

1 yema de huevo

3 a 4 cucharadas de agua helada

1.Preparar la masa: Mezclar la harina y la sal en un bol grande. Con una batidora o un tenedor, agregue la mantequilla hasta que la mezcla parezca migajas gruesas.

dos. Batir la yema de huevo con 2 cucharadas de agua. Espolvorea la mezcla sobre la harina. Mezclar ligeramente hasta que la masa esté uniformemente humedecida y se una sin quedar pegajosa. Agregue el agua restante si es necesario.

3.Forme un disco con la masa. Envolver en plástico. Refrigere 30 minutos o toda la noche.

Cuatro. Si la masa se refrigeró durante la noche, déjela reposar a temperatura ambiente durante 20 a 30 minutos antes de extenderla. Coloque la masa entre dos hojas de plástico y enrolle hasta formar un círculo de 12 pulgadas, volteando la masa y reorganizando el plástico después de cada vuelta. Retire la hoja superior de plástico. Usando la hoja restante para levantar la masa, centre la masa con el lado plástico hacia arriba en un molde para pastel de 9 a 10 pulgadas con base removible. Retire la envoltura de plástico. Presione suavemente la masa en la base y los lados.

5.Pasa el rodillo por encima del molde y corta la masa que sobresalga. Presione la masa contra el costado del molde para crear un borde que sea más alto que el borde del molde. Enfríe la masa de masa en el frigorífico durante 30 minutos.

6.Coloque la rejilla del horno en el tercio inferior del horno. Precaliente el horno a 450 ° F. Con un tenedor, pinche el fondo de la base del pastel a intervalos de 1 pulgada. Hornear durante 5 minutos y luego volver a perforar la masa. Hornee hasta que esté cocido, otros 10 minutos. Retire la cáscara del horno. Dejar enfriar sobre una rejilla durante 10 minutos.

Pastel de espinacas y ricota

Espinacas crostata

Rinde 8 porciones

Me comí una tarta como esta en Ferrara, uno de los restaurantes favoritos de Roma. Algo parecido a una quiche, se elabora con ricotta para aportar cremosidad. Es ideal para el almuerzo o el brunch, servido con ensalada y vino pinot grigio frío.

1 recetapastel salado

Relleno

1 libra de espinacas, picadas y lavadas

1/4 taza de agua

1 1/2 tazas de ricota entera o semidescremada

1/2 taza de crema

3/4 taza de Parmigiano-Reggiano recién rallado

2 huevos grandes, batidos

1/4 cucharadita de nuez moscada recién rallada

Sal y pimienta negra recién molida

1. Prepara y hornea parcialmente la base. Reduzca la temperatura del horno a 375°F.

dos. Mientras tanto, prepara el relleno. Coloca las espinacas en una sartén grande a fuego medio con el agua. Tape y cocine de 2 a 3 minutos o hasta que esté suave y tierno. Escurrir y enfriar. Envuelva las espinacas en un paño sin pelusa y exprima la mayor cantidad de agua posible. Picar finamente las espinacas.

3. En un tazón grande, combine las espinacas, la ricota, la crema, el queso, los huevos, la nuez moscada y la sal y pimienta al gusto. Vierta la mezcla sobre la base para pastel preparada.

Cuatro. Hornea de 35 a 40 minutos o hasta que el relleno esté firme y ligeramente dorado.

5. Enfriar la tarta en el molde durante 10 minutos. Retire el borde exterior y coloque el pastel en un plato para servir. Servir tibio o a temperatura ambiente.

pastel de puerros

Crostata de Porri

Rinde de 6 a 8 porciones

Comí este pastel en una enoteca o bar de vinos en Bolonia. El sabor a nuez del parmigiano y la crema realzan el sabor dulce de los puerros. También se puede hacer con champiñones o pimientos salteados en lugar de puerros.

1 recetapastel salado

Relleno

4 puerros medianos, aproximadamente 1 1/4 libras

3 cucharadas de mantequilla sin sal

sal

2 huevos grandes

3/4 taza de crema

1/3 taza de Parmigiano-Reggiano recién rallado

nuez moscada recién rallada

pimienta negra recién molida

1. Prepara y hornea parcialmente la base. Reduzca la temperatura del horno a 375°F.

dos. Prepara el relleno: Recorta las raíces y la mayoría de las puntas verdes de los puerros. Córtalas por la mitad a lo largo y lávalas muy bien entre cada capa con agua fría del grifo. Cortar el puerro en rodajas finas transversales.

3. En una sartén grande, derrita la mantequilla a fuego medio. Añade el puerro y una pizca de sal. Cocine, revolviendo con frecuencia, hasta que los puerros estén tiernos al pincharlos con un cuchillo, aproximadamente 20 minutos. Retira la sartén del fuego y déjala enfriar.

Cuatro. En un bol mediano, bate los huevos, la nata, el queso y una pizca de nuez moscada. Agrega el puerro y la pimienta al gusto.

5. Vierta la mezcla en la base para pastel parcialmente horneada. Hornee durante 35 a 40 minutos o hasta que el relleno esté listo. Servir tibio o a temperatura ambiente.

Sándwiches de mozzarella, albahaca y pimiento asado

Panini de mozzarella

Rinde 2 porciones

A veces hago este sándwich reemplazando la rúcula por albahaca y el jamón por pimiento rojo.

4 onzas de queso mozzarella fresco, cortado en 8 gajos

4 rebanadas de pan rural

4 hojas de albahaca fresca

¼ taza de pimientos rojos o amarillos asados, cortados en tiras finas

1. Corta las rodajas de mozzarella para que quepan en el pan. Si la mozzarella está jugosa, sécala. Coloca la mitad del queso en una sola capa sobre dos rebanadas de pan.

dos. Coloca las hojas de albahaca y los pimientos sobre el queso y cubre con el resto de la mozzarella. Coloque el pan restante encima y presione firmemente con las manos.

3. Precalienta una sandwichera o grill. Coloque los sándwiches en la prensa y cocine hasta que estén tostados, aproximadamente de 4 a 5 minutos. Si usa una bandeja para hornear, coloque un peso pesado, como una sartén, encima. Voltear los sándwiches cuando estén dorados por un lado, cubrir con peso y tostar el otro lado. Servir caliente.

www.ingramcontent.com/pod-product-compliance
Lightning Source LLC
Chambersburg PA
CBHW050150130526
44591CB00033B/1230